LA VIE DEVANT SOI

Rédacteur: Jan A. Verschoor
Illustrations: Jette Jørgensen

Les structures et le vocabulaire de ce livre sont fondés sur
une comparaison des ouvrages suivants :
Börje Schlyter : Centrala Ordförrådet i Franskan
Albert Raasch : Das VHS-Zertifikat für Französisch
Etudes Françaises – Echanges
Sten-Gunnar Hellström, Sven G. Johansson : On parle français
Ulla Brodow, Thérèse Durand : On y va

Rédacteur de serie :
Ulla Malmmose et Charlotte Bistrup

Illustration de couverture :
Nana Vested Olesen

La vie devant soi de Romain Gary (Emile Ajar)
© Mercure de France, 1975

© 1992 par EASY READERS, Copenhagen
- a subsidiary of Lindhardt og Ringhof Forlag A/S,
an Egmont co mpany.
ISBN Danemark 978-87-23-90107-1
www.easyreaders.eu
The CEFR levels stated on the back of the book
are approximate levels.

Easy Readers
EGMONT

Imprimé au Danemark

ROMAIN GARY (=EMILE AJAR)
(1914-1980)

Romain Gary est né à Moscou en 1914 et il s'est donné la mort en 1980. Il a été diplomate et s'est marié avec l'actrice Jean Seberg. Dans ses livres il décrit l'homme digne ainsi que l'homme indigne. Représentant du traditionalisme dans ses romans, il est l'auteur entre autres des romans EDUCATION EUROPEENNE (1956), LES RACINES DU CIEL (qui lui a valu le Prix Goncourt), la série de FRERE OCEAN; CHIEN BLANC; LA NUIT SERA CALME; LES TETES DE STEPHANIE; CLAIR DE FEMME; LES CERFS-VOLANTS (1980).

«Après la mort de Gary, on a publié son manuscrit VIE ET MORT D'EMILE AJAR (1981) et on a découvert que Gary avait été lui-même cet Ajar, qui en 1975 avait obtenu le Prix Goncourt pour son roman LA VIE DEVANT SOI. Les autres romans d'Ajar (GROS CALIN, PSEUDO et L'ANGOISSE DU ROI SALOMON) ont eu aussi un grand succès.

En tout cas les succès d'Emile Ajar ont corrigé l'oubli qui menaçait l'œuvre de Romain Gary lui-même.»

Note :

Le héros Mohammed (=Momo), c'est-à-dire le « je » de l'histoire, se sert d'un langage plutôt familier et populaire. Ainsi il supprime souvent l'élément « ne » dans la négation : - C'est pas possible (= Ce *n'*est pas possible) ; c'était pas une vie (= ce *n'*était pas une vie) ; ça sert plus à rien (= ça *ne* sert plus à rien) ; il y avait rien de plus mauvais (= il *n'*y avait rien de plus mauvais) ; j'ai jamais oublié (= je *n'*ai jamais oublié), etc. Il faudra en tenir compte.

La première chose que je peux vous dire, c'est qu'on habitait au sixième et que pour Madame Rosa, avec tous ces kilos qu'elle portait sur elle et seulement deux jambes, c'était une vraie source de vie *quotidienne*, avec
5 tous les soucis et les peines. Elle était également *juive* et sa santé n'était pas bonne non plus.

Je devais avoir trois ans quand j'ai vu Madame Rosa pour la première fois. Elle était obligée de *grimper* les six étages seule. Elle disait qu'un jour elle allait mourir
10 dans l'escalier, et tous *les mômes* se mettaient à pleurer parce que c'est ce qu'on fait toujours quand quelqu'un meurt. On était *tantôt* six ou sept *tantôt* même plus là-dedans.

Au début, je ne savais pas que Madame Rosa s'oc-
15 cupait de moi seulement pour *toucher* un mandat à la fin du mois. Quand je l'ai appris, j'avais déjà six ou sept ans. C'était mon premier grand *chagrin*, je croyais que Madame Rosa m'aimait pour rien.

Madame Rosa m'a pris sur ses genoux et elle m'a
20 juré que j'étais ce qu'elle avait de plus cher au monde, mais j'ai tout de suite pensé au mandat et je suis parti en pleurant.

Je suis descendu au café de Monsieur Driss en bas et *je m'assis* en face de Monsieur Hamil qui était mar-

---

quotidien, de chaque jour
juif (juive), nom donné aux descendants d'Abraham ; hébreu
grimper, monter
le (la) môme, le (la) gosse ; l'enfant
tantôt . . . tantôt, à tel moment . . . à un autre moment
toucher, ici : recevoir ; entrer en possession de
le chagrin, la peine ; le contraire de « plaisir »
je m'assis (passé simple), je me suis assis

chand de tapis *ambulant* en France et qui a tout vu. Il était déjà très vieux quand je l'ai connu et depuis il n'a fait que *vieillir*.

J'ai pensé à Madame Rosa, j'ai hésité un peu et puis j'ai demandé :

– Monsieur Hamil, est-ce qu'on peut vivre sans amour ?

Il n'a pas répondu.

– Monsieur Hamil, est-ce qu'on peut vivre sans amour ?

– Oui, dit-il, et il baissa la tête comme s'il avait honte.

Je me suis mis à pleurer.

Pendant longtemps, je n'ai pas su que j'étais arabe parce que personne ne m'*insultait*. On me l'a seulement appris à l'école. Mais je ne me battais jamais, ça fait toujours mal quand on frappe quelqu'un.

Madame Rosa était née en Pologne comme Juive, mais elle *s'était défendue* au Maroc et en Algérie pendant plusieurs années et elle savait l'arabe comme vous et moi. Elle savait aussi le juif et on se parlait souvent dans cette langue.

La plupart des autres *locataires* de l'immeuble étaient des Noirs. Le reste de la rue et du boulevard de Belleville est surtout juif et arabe.

Au début je ne savais pas que je n'avais pas de mère.

---

ambulant, qui se déplace pour exercer à divers endroits son activité professionnelle
vieillir, devenir (plus) vieux ; rendre (plus) vieux
insulter, attaquer par des propos qui blessent et irritent
se défendre, ici : gagner sa vie comme prostituée
le locataire (d'une maison, etc.), celui qui loue (une maison, etc.)

Madame Rosa évitait d'en parler pour ne pas me donner des idées.

Il y avait chez nous *pas mal de* mères qui venaient une ou deux fois par semaine. Nous étions presque tous des enfants de *putes* chez Madame Rosa, et quand elles partaient plusieurs mois en province pour se défendre là-bas, elles venaient voir leurs mômes. C'est comme ça que j'ai commencé à avoir des *ennuis* avec ma mère. Il me semblait que tout le monde en avait une sauf moi. J'ai même *chié* partout dans l'appartement *pour plus de remarque*. Rien. Ma mère n'est pas venue ... Je *hurlais* à Madame Rosa que je voulais voir ma mère et pendant des semaines j'ai continué à chier partout pour la punir. Madame Rosa a fini par me dire que si je continuais, c'était *l'Assistance publique* et là j'ai eu peur, parce que l'Assistance publique, c'est la première chose qu'on apprend aux enfants. On était alors sept enfants de putes en pension chez Madame Rosa et ils se sont tous mis à chier, car il n'y a rien de plus *conformiste* que les mômes. Madame Rosa grimpait ses six étages plusieurs fois par jour avec ses quatre-vingt-quinze kilos et ses deux pauvres jambes, et quand elle entrait et qu'elle sentait le caca, elle se laissait tomber avec ses paquets dans son fauteuil et elle se mettait à hurler

---

pas mal de, beaucoup de
la pute, la putain ; la prostituée
l'ennui (m.), la difficulté
chier (vulg.), se décharger des excréments, de la matière fécale ; faire caca (lang. enfant.)
pour plus de remarque, pour être remarqué davantage
hurler, crier
l'Assistance publique, les établissements chargés de surveiller les enfants assistés
conformiste, qui se conforme aux usages et aux traditions

« C'est Auschwitz ! C'est Auschwitz ! », car elle avait été déportée à Auschwitz pour les Juifs. J'ai finalement laissé tomber, parce que ça ne donnait rien et ma mère ne venait pas. Après j'ai essayé de me faire remarquer autrement. J'ai commencé à *chaparder* dans les magasins, une tomate ou un melon à *l'étalage*. Lorsque le patron sortait et me donnait *une claque*, je me mettais à hurler, mais il y avait *quand même* quelqu'un qui s'intéressait à moi.

Une fois, j'ai pris un œuf et je l'ai mis dans ma poche. La patronne est venue et j'attendais qu'elle me donne *une gifle*. Mais elle m'a *caressé* la tête, puis elle s'est levée, elle est allée au *comptoir* et elle m'a donné encore un œuf. Et puis elle m'a embrassé. J'ai eu un moment d'espoir que je ne peux pas vous décrire. Je suis resté toute la matinée devant le magasin à attendre. Je ne sais pas ce que j'attendais. Parfois la bonne femme me souriait et je restais là avec mon œuf à la main. J'avais six ans et je croyais que c'était pour la vie, alors que c'était seulement un œuf. Je suis rentré chez moi et j'ai eu mal au *ventre* toute la journée.

Madame Rosa était à la police pour un faux *témoignage* que Madame Lola lui avait demandé. Madame Lola était une travestie de quatrième étage qui travaillait au Bois de Boulogne et qui avait été champion de

---

chaparder, voler
l'étalage (m.), un lieu où l'on expose des objets de commerce pour les vendre
une claque, voir illustration page 8
quand même, cependant ; pourtant
une gifle, voir illustration page 8
caresser, toucher en signe de tendresse
un comptoir, le ventre, voir illustration page 8
un témoignage, la déclaration d'un témoin ; une attestation

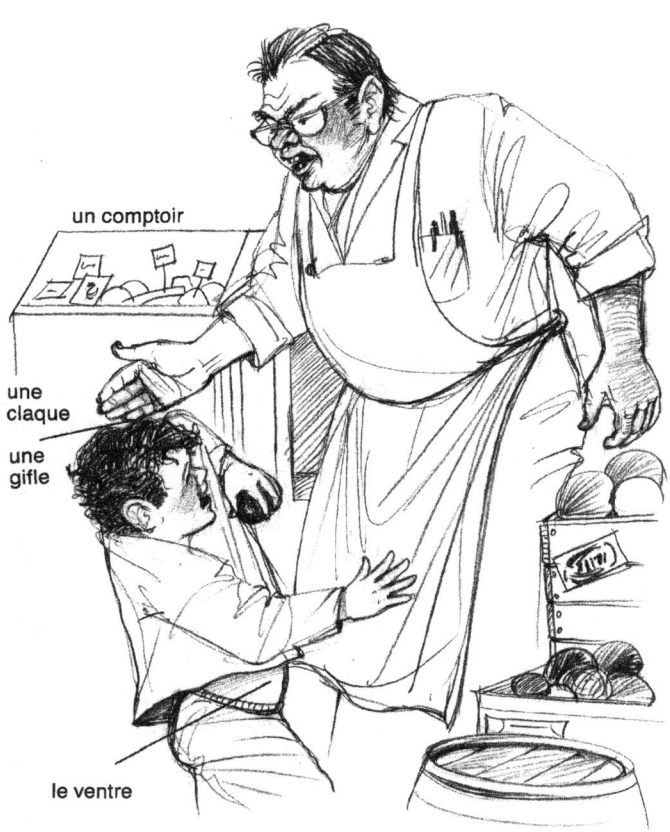

boxe au Sénégal, et elle avait *assommé* un client au Bois. Madame Rosa était allée témoigner qu'elle avait été au cinéma avec Madame Lola ce soir-là et qu'après elles ont regardé la télévision ensemble. Je vous parlerai
5 encore plus de Madame Lola, c'était vraiment une personne qui n'était pas comme tout le monde. Je l'aimais bien pour ça.

---

assommer, tuer à l'aide d'un coup violent sur la tête

On était alors sept chez Madame Rosa, dont deux à la journée. Il y avait entre autres Moïse qui avait encore moins d'âge que moi, et Banania qui *se marrait* tout le temps parce qu'il était né de bonne humeur. Je ne peux pas vous dire tous les enfants de putes que j'ai vus passer chez Madame Rosa, mais il y en avait peu comme moi qui étaient là *à titre définitif*. Les plus longs après moi, c'étaient Moïse et Banania.

Quand j'ai commencé à réclamer ma mère, Madame Rosa m'a dit que tous les Arabes étaient comme ça, on leur donne la main, ils veulent tout le bras. Mais je savais bien que j'étais son préféré. Quand je me mettais à *gueuler*, les autres se mettaient à gueuler aussi, et elle a fait une véritable crise d'hystérie.

Madame Rosa avait très peur de *devenir chauve*, c'est une chose terrible pour une femme qui n'a plus *grand-chose* d'autre. Elle avait plus de *fesses* et de *seins* que n'importe qui. Dimanche elle mettait sa *perruque rousse* et allait s'asseoir dans *le square* Beaulieu et restait là pendant plusieurs heures avec élégance.

Quand elle s'est calmée, Madame Rosa m'a expliqué que ma mère voyait tout ce que je faisais et que si je voulais la retrouver un jour, je devais avoir une vie propre et honnête.

Lorsque les mandats cessaient d'arriver pour l'un

---

se marrer, s'amuser ; rire
à titre définitif, définitivement
gueuler, crier
devenir chauve, perdre ses cheveux
grand-chose, beaucoup
les fesses, les seins, une perruque, voir illustration page 10
roux, d'une couleur entre le rouge et l'orange
le square, un petit jardin public au milieu d'une place

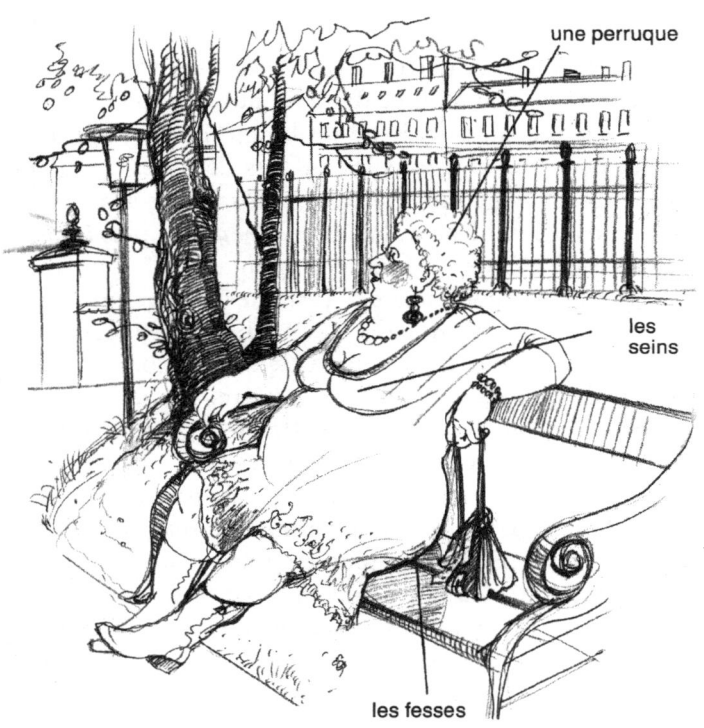

d'entre nous, Madame Rosa ne jetait pas le coupable dehors. C'était le cas du petit Banania, son père était inconnu et on ne pouvait rien lui reprocher. Je pense que Madame Rosa aurait peut-être donné Banania à l'Assistance, mais pas son sourire et comme on ne pouvait pas l'un sans l'autre, elle était obligée de les garder tous les deux. C'est moi qui étais chargé de conduire Banania dans les *foyers* africains pour qu'il voie du noir.

---

le foyer, ici : la maison ; la demeure

– Il faut qu'il voie du noir, sans ça, plus tard, il va pas s'associer.

Je prenais donc Banania et je le conduisais à côté. Il était très bien reçu car ce sont des personnes dont les familles sont restées en Afrique, et un enfant, ça fait toujours penser à un autre.

Pour moi, le mandat de trois cents francs arrivait chaque début de mois et j'étais inattaquable. Je savais donc que je représentais pour Madame Rosa quelque chose de solide et qu'elle regarderait à deux fois avant de faire sortir *le loup* des bois. Je lui ai dit :

– Madame Rosa, bon, pour ma mère je sais que c'est pas possible, mais est-ce qu'on pourrait pas avoir un chien à la place ?

– Quoi ? Quoi ? Tu crois qu'il y a de la place pour un chien là-dedans ? Et avec quoi je vais le nourrir ?

Mais elle n'a rien dit quand j'ai volé un petit *caniche*

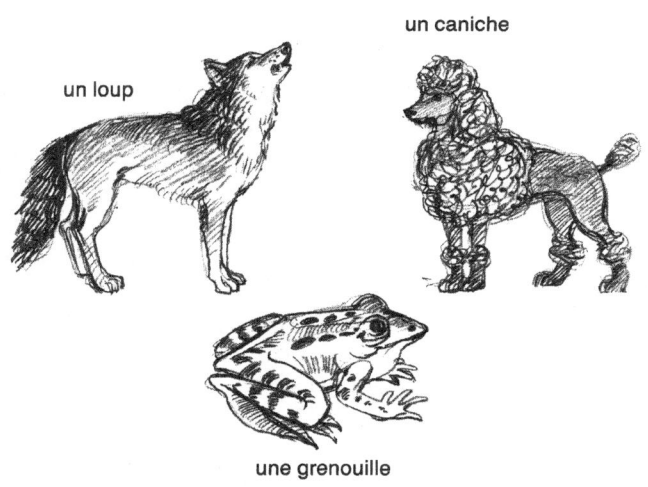

un caniche

un loup

une grenouille

11

gris au *chenil* rue Calefeutre et que je l'ai amené à la maison. Je suis entré dans le chenil, j'ai demandé si je pouvais caresser le caniche et la propriétaire m'a donné le chien quand je l'ai regardée comme je sais le
5 faire. Je l'ai pris, je l'ai caressé et puis j'*ai foutu le camp comme une flèche*. S'il y a une chose que je sais faire, c'est courir. On ne peut pas sans ça, dans la vie.

Je me suis fait un vrai malheur avec ce chien. Je me suis mis à l'aimer, et les autres aussi, sauf peut-être
10 Banania, qui *s'en foutait complètement*, il était déjà heureux comme ça sans raison. Je sentais qu'il y avait *quelque part* un nom qui attendait. Finalement j'ai choisi Super, mais sous toutes réserves. Quand je le promenais, je me sentais quelqu'un parce que j'étais tout ce qu'il
15 avait au monde. Je l'aimais tellement que je l'ai même donné. J'avais déjà neuf ans ou autour et on pense déjà à cet âge, sauf peut-être quand on est heureux. Alors lorsque Super a commencé à grandir, j'ai voulu lui faire une vie, c'est ce que j'aurais fait pour moi-même, si
20 c'était possible. Il y a une dame qui m'a demandé s'il était à vendre. Je lui ai vendu Super pour cinq cents francs et il faisait vraiment une affaire. J'ai demandé cinq cents francs à la bonne femme parce que je voulais être sûr qu'elle avait les moyens. Elle avait une
25 voiture avec chauffeur et elle a tout de suite mis Super dedans, au cas où j'aurais des parents qui allaient gueuler. Alors maintenant je vais vous dire, parce que vous n'allez pas me croire. J'ai pris les cinq cents francs

---

le chenil, un lieu où on loge les chiens
foutre le camp, s'en aller ; se sauver
comme une flèche, très vite
il s'en fout complètement, ça lui est égal, indifférent
quelque part, en un lieu qu'on ne veut pas ou ne peut pas préciser

et je les *ai foutus* dans *une bouche d'égout*. Après je me suis assis sur *un trottoir* et j'ai *chialé* comme un veau, mais j'étais heureux. Chez Madame Rosa il y avait pas *la sécurité*, avec la vieille malade, sans argent et avec l'Assistance publique sur nos têtes et c'était pas une vie pour un chien.

Quand je suis rentré à la maison et que je lui ai dit que j'ai vendu Super pour cinq cents francs et que j'ai foutu l'argent dans une bouche d'égout, Madame Rosa a eu une peur bleue, elle m'a regardé et elle a couru s'enfermer à double clé dans sa *piaule*.

un trottoir

une bouche d'égout

---

foutre, mettre
chialer (pop.), pleurer
la sécurité, une situation tranquille qui résulte de l'absence réelle de danger
la piaule (pop.), la chambre ; le logement

Après ça, elle s'enfermait toujours à clé pour dormir, *des fois que* je lui couperais la gorge encore une fois. Les autres mômes ont fait *un raffut* terrible quand ils ont su, parce qu'ils n'aimaient pas vraiment Super, c'était
5 seulement pour jouer. Ils ont gueulé pendant des heures quand j'ai donné Super pour assurer son *avenir* qui n'existait pas chez nous, sauf Banania, qui était très content, comme toujours.

La première chose que Madame Rosa a fait le lende-
10 main, c'était de me traîner chez le docteur Katz pour voir si je n'étais pas dérangé.

— Docteur, je vous prie d'examiner bien cet enfant. Vous m'avez défendu les émotions, à cause de mon cœur, et il a vendu ce qu'il avait de plus cher au monde
15 et il a jeté cinq cents francs dans l'égout. Même à Auschwitz, on ne faisait pas ça.

Le docteur Katz était bien connu de tous les Juifs et Arabes autour de la rue Bisson. Il soignait tout le monde du matin au soir et même plus tard. J'ai gardé
20 de lui un très bon souvenir, c'était le seul endroit où j'entendais parler de moi et où on m'examinait comme si c'était quelque chose d'important. Je venais souvent tout seul, je restais un bon moment dans sa salle d'attente. Il voyait bien que j'étais là pour rien, mais il me
25 souriait toujours très gentiment et n'était pas fâché.

— Il aimait ce chien comme ce n'est pas permis et qu'est-ce qu'il fait ? Il le vend et il jette l'argent. Cet enfant n'est pas comme tout le monde, docteur. J'ai peur d'un cas de folie brusque dans sa famille.

---

des fois que, pour le cas où ; si par hasard ; si jamais
le raffut (fam.), le tumulte ; le grand bruit
l'avenir (m.), le temps à venir

– Je peux vous assurer qu'il ne se passera rien, absolument rien, Madame Rosa.

Je me suis mis à pleurer. Je savais bien qu'il ne se passerait rien, mais c'était la première fois que j'entendais ça ouvertement.

– Eh bien, vous voyez que ça va déjà mieux, dit le docteur. Il pleure. Il se développe normalement. Vous avez bien fait de me l'amener. Madame Rosa, je vais vous *prescrire* des *tranquillisants*. C'est seulement de *l'anxiété*, chez vous.

En partant, on a marché dans la rue la main dans la main. Madame Rosa aime se faire voir en compagnie. Elle s'habille toujours longtemps pour sortir parce qu'elle a été une femme et ça lui est resté encore un peu. Elle se maquille beaucoup, mais ça sert plus à rien de vouloir se cacher à son âge. Elle a une tête comme une vieille *grenouille* juive avec des lunettes et de l'asthme.

A la maison, nous avons trouvé Monsieur N'Da Amédée, *le maquereau*. Si vous connaissez le coin, vous savez que c'est toujours plein d'autochtones qui nous viennent tous d'Afrique. J'allais souvent les voir à côté rue Bisson et j'étais toujours bien reçu. Ils étaient la plupart du temps musulmans comme moi, mais ce n'était pas une raison. Je pense que ça leur faisait plaisir de voir un môme de neuf ans qui n'avait encore

---

prescrire, indiquer avec précision (ce qu'on exige) ; recommander formellement
un tranquillisant, un médicament qui rend tranquille
l'anxiété (f.), l'état d'angoisse ; l'inquiétude (f.)
une grenouille, voir illustration page 11
le maquereau, un souteneur ; une personne qui vit de la prostitution des femmes

aucune idée en tête. Les vieux ont toujours des idées en tête.

Je devais avoir huit, neuf ou dix ans et j'avais très peur de me trouver avec personne au monde. Plus Madame Rosa avait du mal à monter les six étages et plus elle s'asseyait après, et plus je me sentais moins et j'avais peur.

Il y avait aussi cette question de ma date, mais de toute façon, ça n'avait pas d'importance, le certificat qui prouvait que j'étais en règle était faux. Madame Rosa en avait plusieurs à la maison et elle pouvait même prouver qu'elle n'a jamais été juive depuis plusieurs générations. Elle s'était protégée de tous les côtés depuis qu'elle avait été saisie *à l'improviste* par la police française qui fournissait les Allemands. Après on l'a transportée dans un foyer juif en Allemagne où on les brûlait. Elle avait tout le temps peur, mais pas comme tout le monde, elle avait encore plus peur que ça.

Une nuit j'ai entendu qu'elle gueulait dans son rêve, ça m'a réveillé et j'ai vu qu'elle se levait. Elle avait la tête qui tremblait et des yeux comme si elle voyait quelque chose. Puis elle est sortie du lit, elle a mis son peignoir et une clé qui était cachée sous l'armoire. Elle est allée dans l'escalier et elle l'a descendu. Je l'ai suivie parce qu'elle avait tellement peur que je n'osais pas rester seul.

Madame Rosa descendait l'escalier tantôt dans la lumière tantôt dans le noir. Je ne savais pas du tout ce qui se passait.

Quand elle est arrivée au rez-de-chaussée, Madame

à l'improviste, d'une manière imprévue, inattendue

Rosa a tourné à gauche, vers l'escalier de la cave où il n'y a pas de lumière et où c'est le noir même en été. Madame Rosa nous interdisait d'aller dans cet endroit parce que c'est toujours là qu'on *étrangle* les enfants.

C'est alors que j'ai vu un peu de lumière. Ça venait de la cave et ça m'a un peu rassuré. Une des portes était ouverte. C'est là que Madame Rosa était entrée et c'est de là que sortait la lumière. J'ai regardé.

Il y avait au milieu un fauteuil rouge complètement enfoncé et Madame Rosa était assise dedans. Il y avait à ma grande surprise un lit dans un état bon à jeter, mais avec *matelas*, couvertures et *oreillers*. Il y avait aussi

étrangler quelqu'un, serrer la gorge à quelqu'un

des sacs de pommes de terre, *un réchaud*, et des boîtes à carton pleines de sardines.

Madame Rosa est restée un moment dans ce fauteuil et elle souriait avec plaisir, elle avait pris un air vainqueur. Puis elle s'est levée. Il y avait un balai dans un coin et elle a commencé à balayer la cave. Ça faisait de la poussière, et elle a commencé tout de suite à avoir du mal à respirer. Mais elle a continué à balayer et il n'y avait personne pour lui dire sauf moi, tout le monde s'en foutait. Bien sûr, on la payait pour s'occuper de moi et la seule chose qu'on avait ensemble, c'est qu'on avait rien et personne, mais il y avait rien de plus mauvais pour son asthme que la poussière. Après, elle a posé le balai. J'ai tout de suite *filé*, je savais qu'elle avait fini et qu'elle allait remonter.

Quand elle a remonté, elle n'avait plus peur et moi non plus. On a dormi à côté du sommeil du juste. Moi, je crois que Monsieur Hamil a tort quand il dit ça. Je crois que c'est les injustes qui dorment le mieux, parce qu'ils s'en foutent. Monsieur Hamil a toujours des expressions qu'il va chercher, comme « croyez-en ma vieille expérience » ou « comme j'ai eu l'honneur de vous dire » et des tas d'autres qui me plaisent bien, elles me font penser à lui. C'était un homme comme on ne peut pas faire mieux. Il m'apprenait à écrire, il me faisait lire le Koran, car Madame Rosa disait que c'était bon pour les Arabes. Quand je lui ai demandé comment elle savait que je m'appelais Mohammed et que j'étais un bon musulman, alors que je n'avais ni

---

un réchaud, voir illustration page 17
filer, s'en aller ; fuir

père ni mère et qu'il n'y avait aucun document qui me prouvait, elle était *embêtée* et elle me disait qu'un jour quand je serais grand et solide elle m'expliquerait ces choses-là, mais elle ne voulait pas me causer un choc terrible alors que j'étais encore sensible. J'étais très content d'avoir Madame Rosa, mais si je pouvais avoir quelqu'un de mieux et de plus à moi, j'allais pas dire non...

Si Madame Rosa savait que j'étais Mohammed et musulman, c'est que j'avais des origines et je n'étais pas sans rien. Je voulais savoir où elle était et pourquoi elle ne venait pas me voir, ma mère. Mais alors Madame Rosa se mettait à pleurer et je laissais tomber. *J'en parlai* une fois à Monsieur Hamil pendant qu'il me racontait la vie de Sidi Abderrahmân, qui est le patron d'Alger.

– Monsieur Hamil, comment ça se fait que je suis connu comme Mohammed et musulman, alors que j'ai rien qui me prouve ?

Monsieur Hamil lève toujours une main quand il veut dire que la volonté de Dieu soit faite.

– Madame Rosa t'a reçu quand tu étais tout petit et elle ne tient pas un registre de naissance. Elle a reçu et vu partir beaucoup d'enfants depuis, mon petit Mohammed. Elle a le secret professionnel, car il y a des dames qui exigent la discrétion. Elle t'a noté comme Mohammed, donc musulman, et puis *l'auteur de tes jours* n'a plus donné signe de vie. Il faut penser que ton père a été tué pendant la guerre d'Algérie, c'est une belle et

---

embêté, ennuyé
j'en parlai, j'en ai parlé
l'auteur de tes jours, ton père

grande chose. C'est *un héros* de l'indépendance.

Mais j'avais l'impression que monsieur Hamil savait quelque chose qu'il ne me disait pas ...

Donc, comme j'ai eu l'honneur, quand je suis rentré avec Madame Rosa, après cette visite chez le docteur Katz, nous avons trouvé à la maison Monsieur N'Da Amédée, qui est l'homme le mieux habillé que vous pouvez imaginer. C'est le plus grand maquereau de tous les Noirs de Paris et il vient voir Madame Rosa pour qu'elle lui écrive des lettres à sa famille. Il portait un costume en soie rose qu'on pouvait toucher et un chapeau rose avec une chemise rose. Il apportait toujours un petit cadeau à manger à Madame Rosa qui préférait le parfum parce qu'elle avait peur de *grossir* encore plus. Monsieur N'Da Amédée était en réalité analphabète et il se faisait écrire des lettres par Madame Rosa qu'il envoyait à ses parents au Niger dont il connaissait les noms. Il s'asseyait sur le lit et Madame Rosa lui écrivait des lettres dans lesquelles il faisait des études d'*autodidacte* pour devenir *entrepreneur* de travaux publics, construire des *barrages* et être *un bienfaiteur* pour son pays. Quand elle lui lisait ça, il avait un *immense* plaisir. Madame Rosa lui faisait construire aussi des ponts et des routes et tout ce qu'il faut. Elle aimait

---

un héros, celui qui se distingue par un courage extraordinaire
grossir, devenir gros ; devenir plus gros
autodidacte, qui prend soin de sa propre instruction, sans maître
un entrepreneur, celui qui se charge de l'exécution d'un travail par un contrat d'entreprise
un barrage, un grand mur qui retient l'eau d'une rivière
un bienfaiteur, un homme qui fait du bien
immense, très grand ; énorme

quand Monsieur N'Da Amédée était heureux en écoutant toutes les choses qu'il faisait dans ses lettres et il mettait toujours de l'argent dans l'enveloppe pour que ce soit plus vrai. Parfois, il oubliait ses parents et il se disait tout ce qu'il était déjà et tout ce qu'il allait être encore davantage. Il hurlait que tout le monde le respectait et qu'il était le roi, et Madame Rosa mettait ça par écrit, avec les ponts et les barrages et tout. Après, elle me disait que Monsieur N'Da Amédée était complètement fou.

Monsieur N'Da Amédée venait toujours avec deux *gardes du corps*, car il était peu sûr et il fallait le protéger. Je raconte ce détail parce que c'est dans ces circonstances indépendantes de ma volonté que j'ai fait une nouvelle crise de violence.

Monsieur N'Da Amédée venait toujours se faire dicter le dimanche. Pendant qu'il parlait, son garde du corps de gauche était dans un fauteuil, il m'a saisi et m'a installé sur ses genoux. Il m'a regardé, il m'a fait un sourire et il a tenu des propos pareils :

– Tu me fais penser à mon fils, mon petit Momo. Il est à la mer à Nice avec sa maman pour ses vacances et ils reviennent demain. Demain, c'est la fête du petit, il est né ce jour-là et il va avoir une bicyclette. Tu peux venir à la maison quand tu veux pour jouer avec lui.

Je ne sais pas du tout ce qui m'a pris, mais il y avait des années que j'avais ni mère ni père même sans bicyclette, et celui-là qui venait me faire chier. Ça m'a remué et j'ai été pris de violence, quelque chose de terrible. Ça venait de l'intérieur et c'est là que c'est le

---

un garde du corps, une personne chargée de protéger quelqu'un de près

plus mauvais. Quand ça me saisit, je suis pris de hurlements, je me jette par terre ...

Bon, quand je me suis épuisé et qu'ils sont tous partis, Madame Rosa m'a tout de suite traîné chez le docteur Katz. Elle avait eu une peur bleue et elle lui a dit que j'étais capable de saisir un couteau et de la tuer dans son sommeil. Le docteur Katz s'est mis en colère et il lui a crié qu'elle devrait avoir honte de parler comme ça. Il lui a prescrit des tranquillisants qu'il avait dans son tiroir et on est rentré la main dans la main et je sentais qu'elle était un peu embêtée de m'avoir *accusé* pour rien. Mais il faut la comprendre, car la vie était tout ce qui lui restait.

A la maison, elle s'est *bourrée* de tranquillisants et elle a passé la soirée à regarder droit devant elle avec un sourire heureux parce qu'elle ne sentait rien.

La seule chose qui pouvait remuer un peu Madame Rosa quand elle était tranquillisée c'était si on sonnait à la porte. Elle avait une peur bleue des Allemands. C'est une vieille histoire et c'était dans tous les journaux et je ne vais pas entrer dans les détails, mais Madame Rosa n'en est jamais revenue. Elle croyait parfois que c'*était* toujours *valable*, surtout au milieu de la nuit, c'est une personne qui vivait sur ses souvenirs.

C'*était du dernier comique*, cette peur que Madame Rosa avait des coups de *sonnette*.

---

accuser, présenter comme coupable
bourrer, remplir complètement
être valable, ici : être le cas ; être comme ça
être du dernier comique, être très comique
une sonnette, voir illustration page 25

Il y avait un de nous qui se levait, qui sortait dans le couloir et appuyait sur la sonnette.

Nous, on était couchés et on *faisait semblant de* dormir. Quand elle voyait que c'étaient pas les nazis, elle se mettait dans des colères terribles et nous traitait d'enfants de pute, ce qu'elle ne faisait jamais sans raison.

Souvent on n'avait même pas à se lever pour appuyer sur la sonnette parce que Madame Rosa faisait ça toute seule. Elle se réveillait brusquement d'un seul coup et courait dehors. Elle ne regardait même pas s'il y avait quelqu'un, parce que ça continuait à sonner chez elle à l'intérieur, c'est là que c'est le plus mauvais. Parfois elle descendait jusqu'à la cave, comme la première fois que j'ai eu l'honneur. J'avais *repéré* l'endroit où Madame Rosa cachait la clé de la cave et une fois, j'y suis allé pour voir. J'avais allumé une bougie et j'ai bien regardé, mais il n'y avait que des murs avec des pierres ... C'est là que j'ai entendu un bruit et j'ai sauté en l'air, mais c'était seulement Madame Rosa. Elle était debout à l'entrée et elle me regardait. C'était pas méchant, au contraire, elle avait plutôt l'air coupable, comme si c'était elle qui avait à s'excuser.

– Il faut pas en parler à personne, Momo. Donne-moi ça.

Elle a tendu la main et elle m'a pris la clé.

– Jure-moi de ne jamais en parler à personne, Momo.

– Je vous le jure, Madame Rosa.

---

faire semblant de, faire comme si
repérer, ici : découvrir

Alors elle a *murmuré* en regardant au-dessus de moi :
- C'est mon trou juif, Momo. C'est là que je viens me cacher quand j'ai peur.
- Peur de quoi, Madame Rosa ?
- C'est pas nécessaire d'avoir des raisons pour avoir peur, Momo.

Ça, j'ai jamais oublié, parce que c'est la chose la plus vraie que j'aie jamais entendue.

J'allais souvent m'asseoir dans la salle d'attente du docteur Katz. J'aimais bien être assis dans une salle d'attente et attendre quelque chose. Et quand le docteur Katz entrait, tout de blanc vêtu, et venait me caresser les cheveux, je me sentais mieux et c'est pour ça qu'il y a *la médecine*.

Madame Rosa *se tourmentait* beaucoup pour ma santé, elle disait que j'étais atteint de *troubles* de *précocité*.

Madame Rosa disait que chez les animaux c'est beaucoup mieux que chez nous, parce qu'ils ont la loi de la nature, surtout *les lionnes*. Les lionnes se feraient tuer plutôt que de reculer. C'est la loi de la jungle et si la lionne ne défendait pas ses petits, personne ne lui ferait confiance.

Je faisais venir ma lionne presque toutes les nuits. Seulement, les lions ont mauvaise réputation et quand j'annonçais aux autres que ma lionne allait entrer, ça

---

murmurer, dire à voix basse
la médecine, l'art de prévenir et de soigner les maladies de l'homme
se tourmenter, se faire des soucis ; éprouver de l'inquiétude
le trouble, l'émotion (f.) ; l'agitation (f.)
la précocité, caractère de ce qui est mûr avant le temps normal

un lion

une sonnette

commençait à gueuler là-dedans et même Banania s'y mettait. J'aimais bien Banania, qui a été pris par une famille de Français qui avaient de la place et un jour j'irai le voir.

Je ne sais pas du tout de quoi Madame Rosa pouvait bien rêver en général. Peut-être qu'elle rêvait de sa jeunesse, quand elle était belle et n'avait pas encore de santé. Je ne sais pas ce que faisaient ses parents, mais c'était en Pologne. Elle avait commencé à se défendre là-bas et puis à Paris et un peu partout, et puis elle avait fait le Maroc et l'Algérie. Mais les choses *se sont gâtées* quand elle est revenue en France, car elle avait voulu connaître l'amour et le type lui a pris toutes ses économies et l'a *dénoncée* à la police française comme Juive. Quand elle est revenue d'Allemagne, elle s'est défendue encore pendant quelques années, mais après cinquante ans elle a eu l'idée d'ouvrir une pension sans famille pour des mômes qui *sont nés de travers*. Elle a eu la chance d'élever comme ça un commissaire de police qui était un enfant de pute et qui la protégeait, mais elle avait maintenant soixante-cinq ans et il fallait s'y

---

se gâter, commencer à devenir mauvais
dénoncer, signaler comme coupable
qui sont nés de travers, dont la vie s'annonce mal dès la naissance

attendre. C'est surtout le cancer qui lui faisait peur, ça ne pardonne pas.

Quand Madame Rosa se réveillait de peur et entrait, elle voyait qu'on était couché en paix. Mais elle regardait sous les lits et c'était même drôle, lorsqu'on pense que les lions étaient la seule chose au monde qui ne pouvait pas lui arriver.

C'est là que j'ai compris pour la première fois qu'elle était un peu dérangée. Elle avait eu beaucoup de malheurs et maintenant il fallait payer, parce qu'on paie pour tout dans la vie. Elle m'a même traîné chez le docteur Katz et lui a dit que je faisais *rôder* des bêtes sauvages en liberté dans l'appartement. Je comprenais bien qu'il y avait entre elle et le docteur Katz quelque chose dont il ne fallait pas parler devant moi, mais je ne savais pas du tout ce que ça pouvait être et pourquoi Madame Rosa avait peur.

– Docteur, il va faire des violences, ça, j'en suis sûre.

– Ne dites pas de *bêtises*, Madame Rosa. Vous n'avez rien à craindre. Notre petit Momo est un tendre.

– Alors pourquoi il a tout le temps des lions dans la tête ?

– D'abord, ce n'est pas un lion, c'est une lionne. Et qu'est-ce qu'elles font, les lionnes ? Elles défendent leur petit ...

Madame Rosa soupirait.

– Docteur, j'ai tellement peur qu'il *soit héréditaire* !

– Allons, Madame Rosa, ça suffit. Il est évident que

---

rôder, aller au hasard
une bêtise, une folie ; une absurdité (f.)
être héréditaire, ici : tenir de ses parents certains graves défauts

c'est un enfant très sensible et qu'il a besoin d'*affection*.
 – Où est-ce qu'il va chercher des idées comme ça ?
Et pourquoi ils n'ont pas voulu le garder à l'école ?
 – Parce que vous lui avez fait un *extrait* de naissance
qui ne tenait aucun compte de son âge réel. Vous l'aimez bien, ce petit. Vous êtes une brave femme, Madame Rosa. Je vais vous prescrire des tranquillisants.
Je n'avais rien appris du tout. Plus on connaît et moins c'est bon.

Madame Rosa avait au fond d'une valise un bout de papier qui me désignait comme Mohammed et trois kilos de pommes de terre, une livre de carottes, cent grammes de beurre, trois cents francs, à élever dans la religion musulmane. Il y avait une date, mais c'était seulement le jour où elle m'avait *pris en dépôt* et ça ne disait pas quand j'étais né.

C'est moi qui m'occupais des autres mômes. Tous les samedis après-midi, elle mettait sa robe bleue avec *un renard* et des *boucles d'oreilles*, elle se maquillait plus rouge que d'habitude et allait s'asseoir dans un café français, la Coupole à Montparnasse, où elle mangeait un gâteau.

Madame Rosa avait des ennuis de cœur et c'est moi qui faisais le marché à cause de l'escalier. Les étages étaient pour elle ce qu'il y avait de *pire*.

Chaque matin, j'étais heureux de voir que Madame

---

l'affection (f.), l'amitié (f.) ; l'attachement (m.) ; la tendresse
un extrait, la partie d'un acte copiée sur l'original
prendre en dépôt, recueillir
un renard, une boucle d'oreille, voir illustration page 28
pire, plus mauvais ; plus pénible

Rosa se réveillait, car j'avais des *terreurs nocturnes*, j'avais une peur bleue de me trouver sans elle.

Le plus grand ami que j'avais à l'époque était un parapluie nommé Arthur que j'ai habillé des pieds à la tête. Je lui avais fait une tête avec un chiffon vert, et un visage sympa, avec un sourire et des yeux ronds, avec le rouge à lèvres de Madame Rosa. C'était pas tellement pour avoir quelqu'un à aimer, mais pour faire le clown, car j'avais peu d'argent de poche et j'allais parfois dans les quartiers français là où il y en a.

---

la terreur, la peur extrême
nocturne, qui se produit pendant la nuit

Je mettais *un chapeau melon*, je me *barbouillais* le visage de couleurs et avec mon parapluie Arthur on était *marrants* tous les deux. Je réussissais à ramasser jusqu'à vingt francs par jour. J'avais demandé à Monsieur N'Da Amédée de me prêter des vêtements pour mon parapluie et vous savez ce qu'il a fait ? Il m'a emmené avec lui et il m'a laissé choisir ce que je voulais. Je ne sais pas s'ils sont tous comme lui en Afrique, mais si oui, ils doivent manquer de rien.

Quand je faisais mon numéro sur le trottoir, je dansais avec Arthur et je ramassais du *pognon*. Je dormais avec Arthur serré dans mes bras et le matin, je regardais si Madame Rosa respirait encore.

Je n'ai jamais été dans une église parce que c'est contre la vraie religion et la dernière chose que je voulais c'était de me mêler de ça. Mais je sais que les chrétiens ont payé les yeux de la tête pour avoir un Christ et chez nous il est interdit de représenter la figure humaine pour ne pas *offenser* Dieu, ce qui se comprend très bien, car *il n'y a pas de quoi se vanter*. J'ai donc effacé le visage d'Arthur, j'ai simplement laissé une boule verte et j'étais en règle avec ma religion.

 un chapeu melon

---

barbouiller, rendre sale ; tacher
marrant, amusant ; drôle
le pognon (pop.), l'argent
offenser quelqu'un, blesser l'honneur de quelqu'un ; insulter quelqu'un
il n'y a pas de quoi + infinitif, ce n'est pas une raison de + infinitif
se vanter, être fier

J'avais mis des sous de côté, mais la chance a commencé à nous quitter. Jusque-là mes mandats arrivaient irrégulièrement, mais ils arrivaient quand même. Ils se sont arrêtés d'un seul coup. Deux mois, trois, rien. Quatre. J'ai dit à Madame Rosa et je le pensais tellement que j'avais même la voix qui tremblait :

– Madame Rosa, faut pas avoir peur. Vous pouvez compter sur moi.

Puis j'ai pris Arthur, je suis sorti et je me suis assis sur le trottoir pour ne pas pleurer devant tout le monde.

Il faut dire qu'on était dans une sale situation. Madame Rosa allait bientôt être atteinte par la limite d'âge et elle le savait elle-même. L'escalier avec ses six étages était devenu pour elle l'ennemi public numéro un. Un jour, il allait la tuer, elle en était sûre. Moi, je savais que c'était plus la peine de la tuer, il y avait qu'à la voir. On avait de moins en moins de mômes en pension parce que les filles ne faisaient plus confiance à Madame Rosa, à cause de son état.

J'avais déjà dans les dix ans ou autour et c'était à moi d'aider Madame Rosa. Je devais aussi penser à mon avenir, parce que si je restais seul, c'était l'Assistance publique sans discuter. J'en dormais pas la nuit et je restais à regarder Madame Rosa pour voir si elle ne mourait pas.

J'ai essayé de me défendre. Je me peignais bien, je me mettais du parfum de Madame Rosa derrière les oreilles comme elle, et l'après-midi j'allais me mettre avec Arthur rue Pigalle, ou encore rue Blanche, qui était bien aussi. Il y a toujours des femmes qui se défendent toute la journée et il y en avait toujours une ou deux qui venaient me voir. C'étaient toujours les mêmes questions.

- Quel âge as-tu, mon joli ?
- Dix ans.
- Tu as une maman ?

Je disais non et j'avais de la peine pour Madame Rosa, mais qu' est-ce que vous voulez. Il y en avait une surtout qui me faisait des tendresses et elle me glissait parfois un billet dans la poche, quand elle passait.

- J'aimerais bien m'occuper de toi. Je te mettrais dans *un studio*, tu serais comme un petit roi et tu manquerais de rien.
- Il faut voir.

Elle m'a glissé un billet dans la poche. Cent francs. C'est comme j'ai l'honneur.

Une copine de Madame Rosa, quand elles se défendaient ensemble, a prévenu la vieille. Je n'ai jamais vu la Juive dans un tel *remue-ménage*, elle en pleurait. « C'est pas pour ça que je t'ai élevé », elle l'a répété dix fois et elle pleurait. J'ai dû lui jurer que j'y reviendrai plus. Mais je voyais pas du tout ce que je pouvais faire d'autre, à dix ans.

Les mandats n'arrivaient toujours pas. Madame Rosa avait mis quelques sous de côté pour ses vieux jours, mais elle savait bien qu'elle n'en avait plus pour longtemps. Elle m'a parlé pour la première fois de ma mère et de mon père, car il paraît qu'il y en avait deux. Ils étaient venus pour me déposer un soir et ma mère s'était mise à chialer et elle est partie en courant. Madame Rosa m'avait porté comme Mohammed, musulman. Et puis après, après ... Elle soupirait et c'était tout ce qu'elle savait, sauf qu'elle ne me regardait pas

---

un studio, un logement formé d'une seule pièce principale
le remue-ménage, l'agitation (f.) ; la confusion

dans les yeux, quand elle disait ça. Je vais vous dire tout de suite que je n'ai jamais retrouvé ma mère, je ne veux pas vous donner de fausses émotions. Une fois, quand j'ai beaucoup insisté, Madame Rosa a inventé un mensonge.

— Pour moi, elle avait un *préjugé* bourgeois, ta mère, parce qu' elle était de bonne famille. Elle ne voulait pas que tu saches le métier qu'elle faisait. Alors, elle est partie, le cœur brisé, *en sanglotant*, pour ne jamais revenir.

Et elle a commencé à chialer elle-même, Madame Rosa, il n'y avait personne comme elle pour aimer les belles histoires.

Il y avait des mois que les mandats n'arrivaient plus et pour Banania, Madame Rosa n'avait jamais vu la couleur de son argent. Banania se conduisait sans gêne, comme s'il avait payé. Madame Rosa a pu lui trouver une famille, car ce môme a toujours été *un veinard*. Moïse était encore en observation dans la famille qui l'observait depuis six mois pour être sûre qu'il était de bonne qualité et qu'il ne faisait pas de l'épilepsie ou des crises de violence. Avec les mômes à la journée et pour nourrir Madame Rosa, il fallait douze cents francs par mois et encore il fallait ajouter les médicaments et le crédit qu'on lui refusait. On ne pouvait pas nourrir Madame Rosa seule à moins de quinze francs par jour. J'ai profité de Banania chez nous pour cha-

---

un préjugé, une opinion qu'on se forme au sujet d'un événement futur ; un jugement prématuré
sangloter, respirer d'une façon brusque et avec beaucoup de bruit dans les crises de larmes
un veinard, qui a de la chance

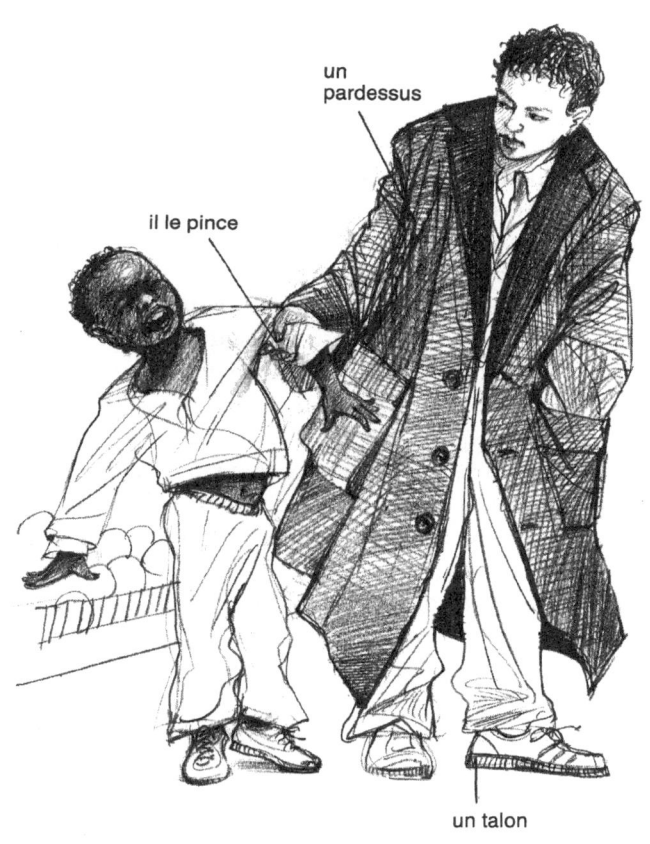

parder dans les magasins. Je le laissais tout seul avec son sourire ; quand ils ont quatre ou cinq ans, les Noirs sont très bien tolérés. Des fois je le *pinçais* pour qu'il gueule, les gens l'entouraient de leur émotion et pendant ce temps je *fauchais* des choses utiles à manger. 5

---

faucher (fam.), voler

J'avais *un pardessus* jusqu'aux *talons* avec des poches que Madame Rosa m'avait cousues et c'était ni vu ni connu. La faim, ça ne pardonne pas.

Pour sortir, je prenais Banania dans mes bras, je me mettais derrière une bonne femme qui payait et on croyait que j'étais avec elle, pendant que Banania faisait la pute. Les enfants sont très bien vus quand ils ne sont pas encore dangereux. Même moi, je recevais des mots gentils et des sourires, les gens se sentent toujours rassurés lorsqu'ils voient un môme qui n'a pas encore l'âge d'être un *voyou*. J'ai des cheveux bruns et je n'ai pas le nez juif comme les Arabes, j'aurais pu être n'importe quoi sans être obligé de changer de tête.

Madame Rosa mangeait moins, ça lui faisait du bien et à nous aussi. Et puis on avait plus de mômes, c'était la bonne saison et les gens allaient de plus en plus loin en vacances.

J'apportais parfois à Madame Rosa des objets que je ramassais *sans* aucune *utilité*, qui ne peuvent servir à rien, mais qui font plaisir, car personne n'en veut et on les a jetés. Par exemple les fleurs, quand elles sont sèches, on les fout dans *les poubelles* et si vous vous levez très tôt le matin, vous pouvez les *récupérer* et c'était ma spécialité. Je faisais des bouquets sans m'occuper des questions d'âge et je les offrais à Madame Rosa qui les mettait dans des vases sans eau parce que ça ne sert plus à rien.

---

un pardessus, un talon, voir illustration page 33
un voyou, un garçon mal élevé qui traîne dans les rues
sans utilité, ici : qui ne sont pas utiles
récupérer, retrouver ; rechercher

On parlait surtout le juif et l'arabe entre nous ou alors le français quand il y avait des étrangers ou quand on ne voulait pas être compris, mais à présent Madame Rosa mélangeait toutes les langues de sa vie, et me parlait en polonais qui était sa langue la plus reculée et qui lui revenait, car ce qui reste le plus chez les vieux, c'est leur jeunesse. Ce n'était vraiment pas une vie de tous les jours, avec elle, et il fallait même lui faire des *piqûres* à la fesse. Il était difficile de trouver une infirmière assez jeune pour monter les six étages et aucune n'était assez *modique*. Je me suis arrangé avec le Mahoute, qui se piquait légalement, car il avait le diabète et son état de santé le lui permettait. Il vendait des transistors et autres produits de ses vols. Il est venu faire la piqûre à Madame Rosa, mais il s'était trompé d'*ampoule* et il avait foutu dans *le cul* à Madame Rosa

une poubelle

---

une piqûre, une petite blessure faite par ce qui pique
modique, ici: qui coûte peu d'argent
une ampoule, une petite bouteille de verre terminée en pointe et destinée à la conservation d'un médicament liquide (ici l'héroïne)
le cul, le derrière; la fesse

la ration d'héroïne qu'il se réservait pour le jour où il aurait fini sa *désintoxication*.

Elle a eu d'abord un immense étonnement et puis elle a été prise de bonheur. J'ai même eu peur, car je croyais qu'elle n'allait pas revenir, tellement elle était au ciel. Moi, l'héroïne, je *crache dessus*, c'est pas moi qui irais me piquer pour être heureux. J'ai vite couru chercher le docteur Katz, qui n'est pas venu, car il lui était maintenant défendu de faire six étages, sauf en cas de mort. Il a téléphoné à un jeune médecin qu'il connaissait et celui-ci s'est amené une heure plus tard. Le docteur me regardait comme s'il n'avait encore jamais vu *un mec* de dix ans.

– Mais enfin, comment est-ce possible ? Qui a *procuré* à cette vieille dame de l'héroïne ?

Je ne lui ai rien dit parce qu'à quoi bon, c'était un jeune mec de trente ans qui avait encore tout à apprendre.

C'est peu de jours après qu'il m'est arrivé un coup heureux. J'avais une course à faire dans un grand magasin à l'Opéra où il y avait *un cirque* en *vitrine* pour que les parents viennent avec leurs mômes sans aucune obligation de leur part. Au milieu de la vitrine, il y avait

---

la ration, la quantité qui revient à un homme pendant une journée
la désintoxication, l'action de perdre l'habitude (ici : de l'héroïne)
cracher sur quelque chose, détester quelque chose
un mec (pop.), un homme ; un type ; un individu quelconque
procurer, donner ; fournir
la vitrine, l'espace ménagé derrière la vitre d'un magasin et où l'on expose des objets (à vendre) qui sont visibles de la rue ; l'étalage (m.)

un lapin

un chameau

un magicien

un cirque

le cirque avec les clowns et les cosmonautes qui allaient à la lune et revenaient en faisant des signes aux passants et les acrobates qui volaient dans les airs, des danseuses blanches sur le dos de chevaux ... Il y avait même *un chameau* qui dansait et *un magicien* avec un chapeau d'où sortaient des *lapins* qui remontaient dans le chapeau pour recommencer encore une fois et encore, c'était un spectacle continu.

Mais pour moi c'étaient les clowns qui étaient les rois. Je pensais que Madame Rosa aurait été très drôle si elle était un clown, mais elle ne l'était pas et c'était ça qui était *dégueulasse*.

Ce qu'il y avait de meilleur c'est que c'était mécanique et bon enfant, et on savait d'avance qu'ils ne souffraient pas, ne vieillissaient pas, et qu'il n'y avait pas cas de malheur. Tout le monde était heureux dans ce cirque qui n'avait rien de naturel. J'étais tellement heureux que je voulais mourir, parce que le bonheur il faut le saisir pendant qu'il est là.

Je regardais le cirque et j'étais bien lorsque j'ai senti une main sur mon épaule. Je me suis vite retourné car j'ai tout de suite cru à un *flic*, mais c'était une môme plutôt jeune, vingt-cinq ans *à tout casser*. Elle *était vachement pas mal*, blonde, avec des grands cheveux et elle sentait bon et frais.

– Pourquoi pleures-tu ?
– Je ne pleure pas.

---

un chameau, un magicien, un lapin, voir illustration page 37
dégueulasse (vulg.), sale ; moche ; mauvais
un flic (pop.), un agent de police ; un policier
à tout casser, tout au plus
vachement (fam.), très
elle est pas mal, elle est bien ; elle est belle

- Bon, je vois que je me suis trompée. Qu'est-ce qu'il est beau, ce cirque !
- C'est ce que j'ai vu de mieux dans le genre.
- Tu habites par ici ?
- Non, je ne suis pas français. Je suis probablement algérien, on est à Belleville.
- Tu t'appelles comment ?
- Momo.

Elle gardait sa main sur ma joue et j'ai reculé un peu. Il faut *se méfier*. Mais elle était vachement jolie et elle aurait pu se faire une fortune si elle voulait, avec un mec sérieux qui s'occuperait d'elle. Elle s'est mise à rire.
- Tu es le plus beau petit garçon que j'aie jamais vu.
- Vous n'êtes pas mal vous-même.

Elle a ri. Mais elle n'a plus rien dit. Ça s'est arrêté là. Les gens sont gratuits. Elle m'a parlé, elle m'a fait une fleur, elle m'a souri gentiment et puis elle a soupiré et elle est partie. Une pute.

J'ai traîné derrière elle parce que je n'avais pas mieux à faire. Elle marchait vite et je pense qu'elle m'avait oublié. Elle est entrée dans *une porte cochère* et je l'ai vue s'arrêter au rez-de-chaussée et sonner. La porte s'est ouverte et il y a eu deux mômes qui lui ont sauté au cou. Sept ou huit ans, quoi. Ah là là, je vous jure.

Je me suis assis sous la porte cochère et je suis resté un moment sans avoir tellement envie d'être là ou ailleurs. Puis je suis allé revoir le cirque et j'ai gagné

---

se méfier, le contraire de « avoir confiance »
une porte cochère, une porte dont les dimensions permettent l'entrée d'une voiture

encore une heure ou deux, mais c'est rien dans une journée. Je suis entré dans un salon de thé pour dames, j'ai *bouffé* deux gâteaux, j'ai demandé où on peut *pisser* et en remontant j'ai filé tout droit vers la porte, et salut.
5 Après ça, j'ai fauché des gants à un étalage au Printemps et je suis allé les jeter dans une poubelle. Ça m'a fait du bien.

J'étais assis par terre, je me suis levé, *j'en avais marre* de la porte cochère et j'ai regardé dans la rue pour
10 voir. Il y avait à droite un car de police avec des flics tout prêts.

Les flics, c'est ce qu'il y a de plus fort au monde. Un môme qui a un père flic, c'est comme s'il avait deux fois plus de père que les autres. Ils acceptent des Arabes
15 et même des Noirs, s'ils ont quelque chose de français.

Il y a des flics qui sont mariés et qui ont des gosses, je sais que ça existe. J'ai discuté une fois avec le Mahoute pour savoir comment c'est d'avoir un père flic, mais le Mahoute en a eu marre, il a dit que ça sert à rien de
20 rêver et il est parti. C'est pas la peine de discuter avec *les drogués*, ils n'ont pas de curiosité.

Je *me suis baladé* encore un moment pour ne pas rentrer, en comptant combien il y avait de pas par trottoir. Il restait encore du soleil. Un jour, j'irai à la
25 campagne pour voir comment c'est fait. La mer aussi, ça pourrait m'intéresser, Monsieur Hamil en parle

---

bouffer (fam.), manger
pisser, uriner
en avoir marre, en avoir assez
un(e) drogué(e), une personne qui prend de la drogue (héroïne, cocaïne, L.S.D., etc.)
se balader (fam.), se promener sans but

avec beaucoup d'estime. Je ne sais pas ce que je serais devenu sans Monsieur Hamil qui m'a appris tout ce que je sais. Maintenant il devient de plus en plus *con*, mais c'est parce qu'on n'est pas prévu pour vivre si vieux. Le soleil avait l'air d'un clown jaune assis sur le toit. J'irai un jour à La Mecque, Monsieur Hamil dit qu'il y a là-bas plus de soleil que n'importe où, c'est la géographie qui veut ça. Mais je pense que pour le reste, La Mecque, c'est pas tellement ailleurs non plus. Je voudrais aller très loin dans un endroit plein d'autre chose et je cherche même pas à l'imaginer, pour ne pas le *gâcher*. On pourrait garder le soleil, les clowns et les chiens parce qu'on ne peut pas faire mieux dans le genre.

Il était cinq heures et je commençais à rentrer chez moi lorsque j'ai vu une blonde qui arrêtait sa mini sur le trottoir sous l'interdiction de stationner. Je l'ai reconnue tout de suite. C'était la pute qui m'avait lâché plus tôt, après m'avoir fait des avances et que j'avais suivie pour rien. J'étais vachement surpris de la voir. Paris, c'est plein de rues, et il faut beaucoup de hasard pour rencontrer quelqu'un là-dedans. La môme ne m'avait pas vu, j'étais sur l'autre trottoir et j'ai vite traversé pour être reconnu. Elle est entrée dans le numéro 39, qui *donnait* à l'intérieur *sur* une cour avec une autre maison. J'ai même pas eu le temps de me faire voir. Elle avait laissé au moins cinq mètres de parfum derrière elle. J'avais envie de me faire voir

---

con (fam.), imbécile ; idiot
gâcher, gâter ; troubler
donner sur, avoir vue sur ; permettre d'entrer dans

d'elle, mais il ne faut pas croire que je cherchais une famille, Madame Rosa pouvait encore durer un bout de temps avec des efforts. Moi aussi, si je pouvais choisir, j'aurais pris ce qu'il y a de mieux et pas une vieille Juive qui me donnait envie de *crever* chaque fois que je la voyais dans cet état. Je vous dis ça parce qu'il ne faut pas croire que je suivais Mademoiselle Nadine, comme elle s'appelait plus tard, pour que Madame Rosa puisse mourir tranquille.

L'entrée de l'immeuble menait à un deuxième immeuble, plus petit à l'intérieur, et dès que j'y suis entré, j'ai entendu des coups de feu, des freins qui *grinçaient*, une femme qui hurlait et un homme qui *suppliait* « Ne me tuez pas ! Ne me tuez pas ! » et j'ai même sauté en l'air, tellement c'était trop près. Il n'y avait personne dans l'entrée sauf moi et une porte avec une lampe rouge allumée. *Merde*, c'était une sorte de cinéma, sauf que tout le monde marchait en arrière. Puis tout s'est éteint et il y eut la lumière.

La môme se tenait devant le micro au milieu de la salle, devant des fauteuils et quand tout s'est allumé, elle m'a vu. Il y avait trois ou quatre mecs dans les coins, mais ils *étaient* pas *armés*. Je devais avoir l'air con la bouche ouverte, parce que tout le monde me regardait comme ça. La blonde m'a reconnu et m'a fait un immense sourire, je lui avais fait impression.

---

crever (pop.), mourir
grincer, produire un son prolongé qui fait mal à l'oreille
supplier, prier ; demander avec insistance, en insistant
merde (fam.), cri de colère ou d'impatience
être armé, porter des armes, une arme

– Mais c'est mon copain !

Elle est venue vers moi et elle a regardé Arthur, mais je savais bien que c'est moi qui l'intéressais.

– Il est marrant, avec son costume. C'est ton copain ?

– C'est pas un copain, c'est un parapluie.

– Il est beau, avec son visage tout vert.

– C'est pas un visage, c'est un chiffon. Ça nous est interdit, les visages. Je suis arabe. C'est pas permis, les visages, dans notre religion.

– De représenter un visage, tu veux dire ?

– C'est offensant pour Dieu.

Elle me jeta un coup d'œil, je voyais bien que je lui faisais de l'effet.

– Tu as quel âge ?

– Je vous l'ai déjà dit la première fois qu'on s'est vus. Dix ans. C'est aujourd'hui que je viens d'avoir ça. Mais ça compte pas, l'âge. Moi, j'ai un ami qui a quatre-vingt-cinq ans et qui est toujours là.

– Tu t'appelles comment ?

– Vous me l'avez déjà demandé. Momo.

Après, il a fallu qu'elle travaille. Elle m'a expliqué que c'était ce qu'on appelle chez eux une salle de *doublage*. Les gens sur l'écran ouvraient la bouche comme pour parler, mais c'étaient les personnes dans la salle qui leur donnaient leurs voix. Quand c'était *raté* et que la voix n'entrait pas au bon moment, il fallait recommencer. Et c'est là que c'était beau à voir : tout

---

le doublage, le remplacement d'une bande sonore originale d'un film par une bande venant de l'enregistrement d'autres voix en langue étrangère ; la postsynchronisation
rater, ne pas réussir ; ne pas mener à bien

se mettait à reculer. On appuyait sur un bouton, et tout s'éloignait. Quand on vidait l'eau, elle se relevait et remontait dans le verre. C'était le vrai monde *à l'envers* et c'était la plus belle chose que j'aie vu dans ma putain de vie. A un moment, j'ai même vu Madame Rosa jeune et fraîche, avec toutes ses jambes et je l'ai fait reculer encore plus et elle est devenue encore plus jolie. J'en avais des larmes aux yeux.

La blonde m'a dit qu'elle s'appelait Nadine et que c'était son métier de faire parler les gens d'une voix humaine au cinéma. J'avais envie de rien, tellement j'étais content.

– Ça te plaît ?

J'étais assis dans un fauteuil et il n'y avait plus rien à l'écran. La blonde était venue près de moi.

– C'est pas mal.

Après on a vu d'autres morceaux et il y en avait qu'il fallait faire reculer dix fois pour que tout soit comme il faut. Les mots se mettaient aussi en marche arrière et disaient les choses à l'envers.

Quand il n'y avait rien sur l'écran, je m'amusais à imaginer Madame Rosa heureuse, avec tous ses cheveux d'avant-guerre.

La blonde m'a caressé la joue et il faut dire qu'elle était sympa. Et c'était dommage. Je pensais à ses deux mômes, ceux que j'avais vus et c'était dommage, quoi.

– Tu peux venir quand tu veux.

– J'ai pas tellement le temps, je vous promets rien.

Elle m'a proposé d'aller manger une glace et j'ai pris une glace au chocolat *fraise*, mais après j'ai regretté. J'aurais dû prendre une de vanille.

à l'envers, du mauvais côté

il lèche

une fraise

— J'aime bien quand on peut tout faire reculer. J'habite chez une dame qui va bientôt mourir.

Elle ne touchait pas à sa glace et me regardait.

— Tes parents ne sont pas à Paris ?

J'ai pas su quoi dire et j'ai bouffé encore plus de glace, c'est peut-être ce que j'aime le plus au monde.

Elle a pas insisté. Je suis toujours *emmerdé* quand on me parle qu'est-ce qu'il fait ton papa, où elle est ta maman, c'est un truc qui me manque comme sujet de conversation.

Elle a pris une feuille de papier et un stylo et elle a

---

emmerder, ennuyer ; embêter

écrit quelque chose qu'elle a souligné trois fois pour que je ne perde pas la feuille.

Tiens, c'est mon nom et mon adresse. Tu peux venir quand tu veux. J'ai un ami qui s'occupe des enfants.

– Un psychiatre, j'ai dit.

– Tu en sais des choses pour ton âge ... Alors, c'est promis ? Tu viendras nous voir ?

– Vous avez déjà quelqu'un.

Elle ne me comprenait pas, à la façon qu'elle me regardait.

J'ai *léché* ma glace en la regardant droit dans les yeux.

– Je vous ai vue, tout à l'heure, quand *on a failli se rencontrer*. Vous êtes revenue à la maison et vous avez déjà deux mômes. Ils sont blonds comme vous.

– Tu m'as suivie ?

– *Ben oui*.

– Ecoute-moi, mon petit Mohammed ...

– On m'appelle plutôt Momo, parce que Mohammed, il y en a trop à dire.

– Ecoute, mon *chéri*, tu as mon nom et adresse, ne les perds pas, viens me voir quand tu veux ... Où est-ce que tu habites ?

Là, pas question. J'ai pas voulu dire non, mais je lui ai donné une adresse *bidon*. J'ai pris son papier et je l'ai mis dans ma poche, on ne sait jamais, mais il y a pas de miracles. Elle a commencé à me poser des questions, je disais ni oui ni non, j'ai bouffé encore

---

lécher, voir illustration page 45
on a failli se rencontrer, on s'est presque rencontrés
ben oui, eh bien, oui
chéri, c'est un terme d'affection
bidon, qui n'est pas vrai ; ici : qui n'existe pas

une glace, à la vanille, c'est tout. La vanille, c'est la meilleure chose au monde.

– Tu feras connaissance avec mes enfants et nous irons tous à la campagne, à Fontainebleau ... Nous avons une maison là-bas ...

– Allez, au revoir.

Je me suis levé d'un seul coup parce que je lui avais rien demandé et je suis parti en courant avec Arthur.

Il faisait déjà nuit et Madame Rosa commençait peut-être à avoir peur parce que je n'étais pas là. Je courais vite pour rentrer, car je m'étais donné du bon temps sans Madame Rosa et j'avais des *remords*.

J'ai tout de suite vu qu'elle *s'était* encore *détériorée* pendant mon absence et surtout en haut, à la tête, où elle allait encore plus mal qu'ailleurs. Il y avait déjà un mois qu'elle ne pouvait plus faire le marché à cause des étages et elle me disait que si j'étais pas là pour lui donner des soucis, elle n'aurait plus aucun intérêt à vivre.

Je lui ai raconté ce que j'ai vu dans cette salle où l'on revenait en arrière, mais elle a seulement soupiré et nous avons *fait dînette*. Elle savait qu'elle se détériorait rapidement, mais elle faisait encore très bien la cuisine. Finalement, j'ai couru appeler le docteur Katz et il est venu. Il n'était pas vieux, mais il ne pouvait plus se permettre les escaliers qui se portent au cœur. On l'a aidé à monter en le soutenant de tous les côtés et il nous a fait sortir pour examiner Madame Rosa. Quand on

---

le remords, un vif reproche de la conscience
se détériorer, se mettre en mauvais état ; dégénérer
faire dînette, prendre un petit repas intime

le palier

est revenu, Madame Rosa était heureuse, ce n'était pas le cancer, le docteur Katz était un grand médecin et avait fait du bon *boulot*.

On est sorti sur *le palier* et là il m'a regardé.

5 — Ecoute, mon petit, Madame Rosa est très malade.

Il m'a expliqué que Madame Rosa avait sur elle assez de maladies pour plusieurs personnes et il fallait la mettre à l'hôpital dans une grande salle. Elle *s'était rétrécie* dans ses *artères*, ses canalisations se fermaient et ça ne circulait plus là où il fallait.

---

un boulot (fam.), un travail
se rétrécir, devenir plus étroit

– Le sang et *l'oxygène* n'alimentent plus *convenablement* son *cerveau*. Elle ne pourra plus penser et va vivre comme un légume. Ça peut encore durer longtemps, mais ça ne pardonne pas, mon petit, ça ne pardonne pas.

– Mais c'est pas le cancer, n'est-ce pas ?

– Absolument pas. Tu peux être tranquille.

Je me suis levé. Bon, je savais que j'ai toute ma vie devant moi, mais je n'allais pas me rendre malade pour ça.

J'ai aidé le docteur Katz à descendre et je suis remonté très vite pour annoncer à Madame Rosa la bonne nouvelle.

– Ça y est, Madame Rosa, c'est maintenant sûr, vous avez pas le cancer. Le docteur est tout à fait définitif là-dessus.

Elle a eu un immense sourire, parce qu'elle a presque plus de dents qui lui restent. Quand Madame Rosa sourit, elle devient moins vieille et moche que d'habitude, car elle a gardé un sourire très jeune qui lui donne des soins de beauté. Elle a une photo où elle

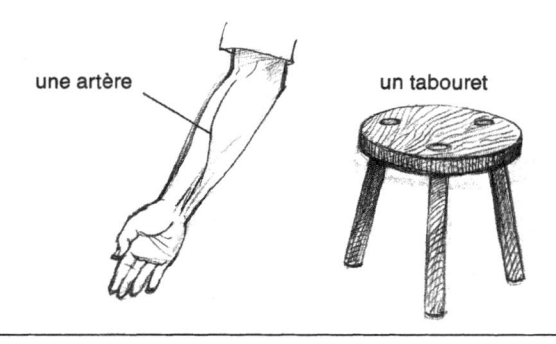

une artère

un tabouret

---

l'oxygène (m.), gaz de l'atmosphère qui est nécessaire à la vie
convenablement, correctement
le cerveau, l'organe de la pensée ; le siège de la pensée

4 La vie

avait quinze ans et ça me faisait mal au ventre de la voir à quinze ans et puis maintenant, dans son état des choses.

C'est comme ça que j'ai annoncé à Madame Rosa la meilleure nouvelle de sa vie, qu'elle n'avait pas le cancer.

Le soir on a ouvert la bouteille de champagne que Monsieur N'Da Amédée nous avait offerte. On a fini le champagne, j'étais assis sur un *tabouret*, à côte d'elle et j'essayais de faire bonne figure pour l'*encourager*.

— Madame Rosa, bientôt vous irez en Normandie, Monsieur N'Da Amédée va vous donner des sous pour ça.

Madame Rosa disait toujours que les vaches étaient les personnes les plus heureuses du monde et elle rêvait d'aller vivre en Normandie où c'est le bon air.

— Et à part ça, qu'est-ce qu' il t'a dit, le docteur ? Je vais mourir ?

Pas spécialement, non, Madame Rosa, il m'a pas dit spécialement que vous allez mourir plus qu'un autre.

— Qu'est-ce que j'ai ?

— Il n'a pas compté, il a dit qu'il y avait un peu de tout, quoi.

Elle avait les yeux pleins de larmes.

Je me disais que ce serait une bonne chose si Monsieur Hamil épousait Madame Rosa, car c'était de leur âge et ils pourraient se détériorer ensemble, ce qui fait toujours plaisir.

— Mon petit Mohammed, je ne pourrais pas épou-

---

un tabouret, voir illustration page 49
encourager quelqu'un, inspirer du courage à quelqu'un

ser une Juive, même si j'étais encore capable de faire une chose pareille.

— Elle n'est plus du tout une Juive ni rien, Monsieur Hamil, elle a seulement mal partout. Et vous êtes tellement vieux vous-même que c'est maintenant à Allah de penser à vous et pas vous à Allah. Vous êtes allé Le voir à La Mecque, maintenant c'est à Lui de se déranger. Pourquoi ne pas vous marier à quatre-vingt-cinq ans, quand vous ne risquez plus rien ?

— Je suis beaucoup trop vieux pour me marier, disait Monsieur Hamil, comme s'il n'était pas trop vieux pour tout.

Je n'osais plus regarder Madame Rosa, tellement elle se détériorait. Le plus terrible, c'est que Madame Rosa se maquillait de plus en plus rouge, comme si elle était encore sur le trottoir. Alors là c'était trop, je ne voulais pas voir ça. Je descendais dans la rue et je traînais dehors toute la journée.

Heureusement, on avait des voisins pour nous aider. Je vous ai parlé de Madame Lola, qui habitait au quatrième et qui se défendait au bois de Boulogne comme travestite, et avant d'y aller, car elle avait une voiture, elle venait souvent nous *donner un coup de main*. Elle n'avait que trente-cinq ans et avait encore beaucoup de succès devant elle. Elle nous apportait du chocolat et du champagne parce que ça coûtait cher.

Madame Lola circulait en voiture toute la nuit au bois de Boulogne et elle disait qu'elle était le seul Sénégalais dans le métier et qu'elle plaisait beaucoup.

---

donner un coup de main, aider

Elle était tellement *trapue* à cause de son passé de boxeur qu'elle pouvait soulever une table en la tenant par un pied. J'ai vite compris qu'elle s'intéressait à moi pour avoir des enfants que dans son métier elle ne pouvait pas avoir. C'était vraiment une personne pas comme tout le monde et on se sentait en confiance. Je lui faisais un peu la cour, car on avait vachement besoin d'elle, elle nous *refilait* de l'argent et nous *faisait la popote*, goûtant la sauce avec des petits gestes et des mines de plaisir. Elle disait que quand elle était jeune au Sénégal elle avait battu Kid Govella en trois *reprises*, mais qu'elle avait toujours été malheureuse comme homme. Je lui disais « Madame Lola, vous êtes comme rien et personne » et ça lui faisait plaisir. Elle me répondait « Oui, mon petit Momo, je suis une créature de rêve » et c'était vrai, elle ressemblait au clown bleu ou à mon parapluie Arthur, qui étaient très différents aussi.

Madame Rosa avait maintenant des absences de plus en plus prolongées et elle passait parfois des heures entières sans rien sentir. Je m'asseyais sur le tabouret à côté d'elle, je lui prenais la main et j'attendais son retour.

Madame Lola nous aidait de son mieux. Elle revenait du bois de Boulogne complètement crevée après les efforts qu'elle avait faits dans sa spécialité et dormait parfois jusqu'à cinq heures de l'après-midi. Le soir elle montait chez nous pour donner un coup de main. On

---

trapu, gros et court
refiler, donner à quelqu'un sans qu'il s'en aperçoive
faire la popote (fam.), faire la cuisine
la reprise, chacune des parties d'un match de boxe ; le round

avait encore de temps en temps des pensionnaires, mais pas assez pour vivre.

Il y avait les quatre frères Zaoum, qui étaient *déménageurs* et les hommes les plus forts du quartier pour les pianos et les armoires et je les regardais toujours avec admiration, parce que j'aurais aimé être quatre, moi aussi.

Ils sont venus nous dire qu'on pouvait compter sur eux pour descendre et remonter Madame Rosa chaque fois qu'elle aura envie de faire quelques pas dehors. Le dimanche, qui est un jour où personne ne déménage, ils ont pris Madame Rosa, ils l'ont descendue comme un piano, ils l'ont installée dans leur voiture et on est allé sur la Marne pour lui faire respirer le bon air.

En revenant, les frères Zaoum lui ont fait faire un tour aux Halles, rue Saint-Denis, rue de Fourcy, rue Blondel, rue de la Truanderie et elle a été émue, surtout quand elle a vu rue de Provence le petit hôtel quand elle était jeune et qu'elle pouvait faire les escaliers quarante fois par jour. Elle nous a dit que ça lui faisait plaisir de revoir les trottoirs et les coins où elle s'était défendue. Elle s'est mise à parler du bon vieux temps, elle disait que c'était l'époque la plus heureuse de sa vie. Quand elle s'était arrêtée à cinquante ans passés, elle avait encore des clients réguliers, mais elle trouvait qu'à son âge, ce n'était plus esthétique.

Après, on est rentré à la maison et les frères Zaoum l'ont portée au sixième étage comme une fleur. Je suis resté un moment avec Monsieur Hamil, qui était en bonne santé.

---

un déménageur, celui qui est chargé de transporter des objets d'un logement dans un autre

– Comment ça va, Monsieur Hamil, depuis hier ?

Je voyais qu'il faisait un gros effort pour se rappeler, mais tous ses jours étaient exactement pareils depuis qu'il ne passait plus sa vie à vendre des tapis du matin au soir.

– Je ne me souviens pas. Je ne me souviens pas du tout.

Monsieur Hamil s'était perdu à l'intérieur parce que la vie fait vivre les gens sans faire tellement attention à ce qui leur arrive. Je suis resté un bon moment avec lui en laissant passer le temps, celui qui va lentement et qui n'est pas français. Les vieux ont la même valeur que tout le monde, même s'ils diminuent. Ils sentent comme vous et moi et parfois même ça les fait souffrir encore plus que nous parce qu'ils ne peuvent plus se défendre. Mais ils sont attaqués par la nature, qui peut être une belle *salope* et qui les fait crever à petit feu. Ce n'était pas le cas de Monsieur Hamil, qui pouvait encore vieillir beaucoup et mourir peut-être à cent dix ans et même devenir champion du monde. Chez les Arabes, quand un homme est très vieux, on lui *témoigne* du respect, c'est autant de gagné dans les comptes de Dieu et il n'y a pas de petits *bénéfices*.

J'étais encore dans l'escalier quand j'ai entendu Moïse qui pleurait et j'ai monté les marches au galop en pensant qu'il est peut-être arrivé malheur à Madame

---

une salope (pop)., une femme qu'on considère comme indigne d'estime, comme moralement condamnable
témoigner, montrer
le bénéfice, l'avantage (m.) ; le privilège ; le profit

Rosa. Je suis entré et là j'ai cru d'abord que c'était pas vrai. Elle était *à poil* au milieu de la pièce, en train de s'habiller pour aller au boulot, comme lorsqu'elle se défendait encore.

Je comprenais bien que c'était chez elle l'effet du choc qu'elle avait reçu en voyant les endroits où elle avait été heureuse, mais des fois ça n'arrange rien de comprendre, au contraire. Elle était tellement maquillée qu'elle paraissait encore plus nue ailleurs. Moïse était dans un coin en train de hurler, mais moi, j'ai seulement dit « Madame Rosa, Madame Rosa » et je me suis précipité dehors et je me suis mis à courir. Ce n'était pas pour me sauver, ça n'existe pas, c'était seulement pour ne plus être là.

J'ai couru un bon coup et quand ça m'a *soulagé*, je me suis assis dans le noir, derrière des poubelles qui attendaient. J'ai pas chialé, parce que c'était même plus la peine. J'ai fermé les yeux, j'ai caché mon visage contre mes genoux, tellement j'avais honte, j'ai attendu un moment et puis j'ai fait venir un flic. C'était le plus fort flic que vous pouvez imaginer. Il m'a mis son bras autour des épaules *paternellement*, je sentais qu'il allait s'occuper de tout et qu'il allait être comme un père pour moi. Je me sentais mieux et je commençais à comprendre que la meilleure chose pour moi, c'est d'aller vivre là où ce n'est pas vrai.

Je vous le dis franchement, je n'avais pas envie de revenir à la maison. L'état dans lequel j'avais laissé

à poil, tout nu
soulager, diminuer ou faire cesser la souffrance de quelqu'un
paternellement, ici : comme le ferait un père

Madame Rosa me *donnait* encore *la chair de poule*, rien qu'à y penser. C'était déjà terrible de la voir mourir peu à peu sans connaissance de cause, mais à poil avec un sourire cochon et ses quatre-vingt-quinze kilos qui attendent le client, c'était quelque chose qui exigeait des lois pour mettre fin à ses souffrances. De toute façon, on ne peut pas faire sa vie au *bistrot* et je suis remonté chez nous, en me disant pendant tout l'escalier que Madame Rosa était peut-être morte et qu'il n'y avait donc plus personne pour souffrir.

J'ai ouvert la porte doucement pour ne pas me faire peur et la première chose que j'ai vue, c'est Madame Rosa tout habillée au milieu de la piaule à côté d'une petite valise. Elle ressemblait à quelqu'un sur le quai qui attend le métro. J'ai vite regardé son visage et j'ai vu qu'elle n'y était pas du tout. Elle avait l'air complètement ailleurs, tellement elle était heureuse. Elle avait même le sourire, comme si on lui avait annoncé une bonne nouvelle.

– Qu'est-ce que vous faites, Madame Rosa ?

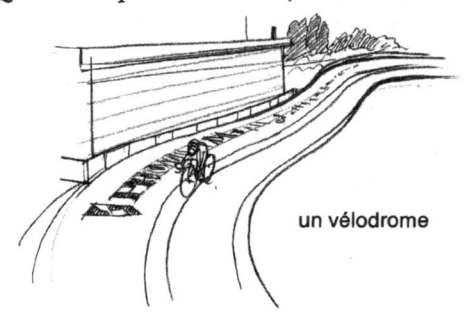

un vélodrome

---

donner la chair de poule, faire trembler quelqu'un de peur
un bistrot, un petit café

- Ils vont venir me chercher. Ils vont s'occuper de tout. Ils ont dit d'attendre ici, ils vont venir avec des camions et ils vont nous emmener au *Vélodrome* avec le *strict* nécessaire.
- Qui ça, ils ?
- La police française.

Je comprenais plus rien. Il y avait Moïse qui me faisait des signes.

- Ils nous ont donné une demi-heure et ils nous ont dit de prendre seulement une valise. On nous mettra dans un train et on nous transportera en Allemagne. Je n'aurai plus de problème, ils vont s'occuper de tout. Ils ont dit qu'on ne nous fera aucun mal, on sera *logés*, nourris, *blanchis*.

Je ne comprenais pas pourquoi la police française allait s'occuper de Madame Rosa, qui était moche et vieille et ne présentait plus d'intérêt sous aucun rapport. Le docteur Katz m'avait prévenu, c'est la sénilité débile qui veut ça. Elle devait croire qu'elle était jeune, comme tout à l'heure lorsqu'elle s'était habillée en pute, et elle se tenait là, avec sa petite valise, tout heureuse parce qu'elle avait de nouveau vingt ans, attendant la sonnette pour retourner au Vélodrome et dans le foyer juif en Allemagne, elle était jeune encore une fois.

Je me suis assis par terre dans un coin et je suis resté la tête baissée pour ne pas la voir, c'est tout ce que je pouvais faire pour elle. Heureusement, elle *s'est améliorée*

---

strict, conforme à la règle ; qui ne laisse pas de liberté
loger, donner un logement permanent ou de courte durée
blanchir, nettoyer (le linge blanc)
s'améliorer, devenir meilleur

une marguerite

et elle fut la première étonnée de se trouver là avec sa valise, son chapeau, sa robe bleue avec des *marguerites* et son sac à main plein de souvenirs, mais j'ai pensé qu'il valait mieux ne pas lui dire ce qui s'était passé, je voyais
5 bien qu'elle avait tout oublié. C'était l'amistie et le docteur Katz m'avait prévenu qu'elle allait en avoir de plus en plus, jusqu'au jour où elle ne se souviendra plus de rien pour toujours et vivra peut-être de longues années encore dans un état d'habitude.

---

l'amnésie (f.), (Momo confond ici *amnistie* et amnésie) la perte totale ou partielle de la mémoire

– Qu'est-ce qui s'est passé, Momo ? Pourquoi je suis là avec ma valise comme pour partir ? Comment ça se fait que je suis là sans savoir d'où et pourquoi ? Qu'est-ce que j'ai, Momo ?

Elle s'est assise sur le lit et elle s'est mise à pleurer. Je me suis levé, je suis allé m'asseoir à côté d'elle et je lui ai pris la main, elle aimait ça. Elle a tout de suite souri et elle m'a arrangé un peu les cheveux pour que je sois plus joli.

– Madame Rosa, c'est seulement la vie, et on peut vivre très vieux avec ça. Le docteur Katz m'a dit que vous êtes une personne de votre âge et il a même donné un numéro pour ça.

– Le troisième âge ?

– C'est ça.

– Elle m'a regardé bizarrement et puis elle a souri.

– Tu as beaucoup mûri, mon petit Momo. Tu n'es plus un enfant. Un jour..., un jour tu auras quatorze ans. Et puis quinze. Et tu ne voudras plus de moi.

– Ne dites pas de *conneries*, Madame Rosa. Je vais pas vous laisser tomber, c'est pas mon genre.

Ça l'a rassurée et elle est allée se changer. Elle a même pleuré un peu, ce qui prouvait qu'elle allait tout à fait bien.

– Tu es un grand garçon maintenant, Momo, ce qui prouve que tu comprends bien les choses. Tu es un grand garçon, alors, écoute-moi...

Là elle a eu un petit passage à vide. C'est ce qu'on appelle la sénilité débile *accélérée* avec des allers et retours d'abord et puis à titre définitif. Je lui caressais la

---

la connerie (vulg.), l'absurdité (f.) ; la bêtise
accélérer, rendre plus rapide

main pour l'encourager à revenir et jamais je ne l'ai plus aimée parce qu'elle était moche et vieille et bientôt elle n'allait plus être une personne humaine.

Je ne savais plus quoi faire. On n'avait pas d'argent et je n'avais pas l'âge qu'il faut pour échapper à la loi contre les mineurs.

Moïse a essayé de me remonter le moral. Il est parti en promettant de revenir tous les jours pour me donner un coup de main. Il est revenu comme il a promis et c'est là qu'on a eu cette catastrophe nationale dont j'ai eu l'honneur et qui m'a vieilli d'un seul coup.

Madame Rosa allait mieux dans ses hauts et ses bas. Parfois elle se fermait complètement et parfois elle restait ouverte. Un jour je remercierai tous les *locataires* qui nous ont aidés, comme Monsieur Waloumba, qui *avalait* le feu boulevard Saint-Michel pour intéresser les passants à son cas et qui est monté faire un très joli numéro devant Madame Rosa dans l'espoir de *susciter* son attention.

Monsieur Waloumba est un Noir du Cameroun qui était venu en France pour la balayer. Il avait laissé toutes ses femmes et ses enfants dans son pays pour des raisons économiques. Lorsque je voyais que Madame Rosa commençait à avoir l'œil vide, la bouche ouverte, je courais vite chercher Monsieur Waloumba qui partageait *un domicile* légal avec huit autres personnes de sa

---

le locataire, une personne qui loue un appartement
avaler, faire descendre par l'arrière-gorge ; absorber
susciter, faire naître ; éveiller
le domicile, la maison où l'on habite ordinairement

tribu dans une chambre au cinquième étage. S'il était là, il montait tout de suite avec sa *torche* allumée et se mettait à *cracher le feu* devant Madame Rosa. C'était pour lui faire un traitement de choc, car le docteur Katz disait que beaucoup de personnes sont améliorées par ce traitement à l'hôpital où on leur allume brusquement l'électricité dans ce but.

Monsieur Waloumba était aussi de cet avis, il disait que les vieilles personnes retrouvent souvent la mémoire quand on leur fait peur et il avait même guéri un sourd-muet comme ça en Afrique. Les vieux tombent souvent dans une tristesse encore plus grande quand on les met à l'hôpital pour toujours, le docteur Katz dit que cet âge est sans pitié et qu'*à partir de* soixante-cinq ans, soixante-dix ans ça n'intéresse personne.

On a passé donc des heures et des heures à essayer de faire très peur à Madame Rosa pour que son sang fasse un tour, mais Madame Rosa était dans une de ses périodes *creuses* quand on se fout de tout et il n'y avait pas moyen de la frapper. Monsieur Waloumba a *vomi* des flammes devant elle et comme il faisait des efforts, Madame Rosa est brusquement sortie de son état et quand elle a vu un nègre *le torse* nu qui crachait le feu devant elle, elle a poussé un tel hurlement que vous ne pouvez pas imaginer. Elle a même voulu *s'enfuir* et on a dû l'empêcher. Après elle a plus rien voulu savoir et

---

la tribu, le groupe, l'ensemble de familles chez les peuples primitifs
une torche, cracher le feu, le torse, voir illustration page 62
à partir de, à compter de ; à dater de ; depuis
creux, ici : vide de sens
vomir, ici : cracher
s'enfuir, s'éloigner très vite ; se sauver

il crache le feu

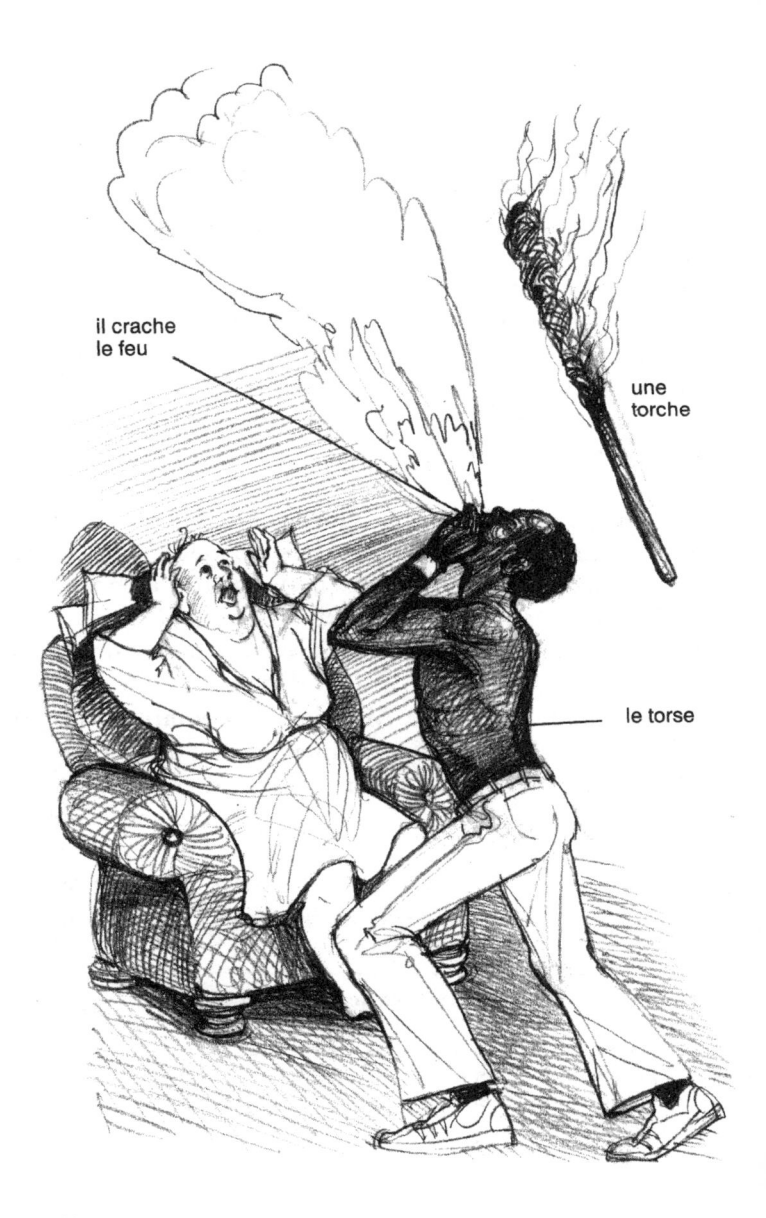

une torche

le torse

elle a défendu qu'on avale le feu chez elle. Elle croyait qu'elle avait fait un petit *somme* et qu'on l'avait réveillée. On ne pouvait pas lui dire.

Une autre fois, Monsieur Waloumba est allé chercher cinq copains qui étaient ses *tribuns* et ils sont venus danser autour de Madame Rosa pour essayer de chasser les mauvais esprits qui s'attaquent à certaines personnes dès qu'ils ont un moment de libre.

Monsieur Waloumba nous a expliqué que dans son pays il était beaucoup plus facile de respecter les vieux et de s'occuper d'eux pour les *adoucir* que dans une grande ville comme Paris où il y a des milliers de rues, d'étages, de trous et d'endroits où on les oublie. Les vieux et les vieilles dans un grand et beau pays comme la France ne servent plus à rien, alors on les laisse vivre. En Afrique, ils sont *agglomérés* par tribus où les vieux sont très recherchés, à cause de tout ce qu'ils peuvent faire pour vous quand ils sont morts.

Monsieur Waloumba parle très bien et toujours comme s'il était le chef. Il vit toujours à Belleville et un jour j'irai le voir.

Il m'a montré un truc très utile à Madame Rosa, pour distinguer une personne encore vivante d'une personne tout à fait morte. Dans ce but, il s'est levé, il a pris *un miroir* sur la commode et il l'a présenté aux lèvres de Madame Rosa et le miroir a *pâli* à l'endroit

---

un somme, un moment assez court que l'on donne au sommeil ; une sieste
un tribun, ici : le membre d'une tribu
adoucir, soulager ; calmer
agglomérer, entasser ; mettre ensemble ; concentrer
un miroir, une glace
pâlir, devenir pâle ; perdre son éclat

où elle a respiré dessus. A ce moment-là, on a remarqué sur le visage de Madame Rosa un début d'intelligence et les frères de race de Monsieur Waloumba se sont vite levés et ont commencé à danser autour d'elle en battant les tambours et en chantant d'une voix pour réveiller les morts, ce qu'il est interdit de faire après dix heures du soir, à cause de l'ordre public et du sommeil du juste, mais il y a très peu de Français dans l'immeuble et ici ils sont moins furieux qu'ailleurs. Madame Rosa a bien vu qu'on n'était pas venu battre une vieille femme dans le métro pour lui arracher son sac. Elle n'était pas encore tout à fait en règle dans sa tête et elle remercia Monsieur Waloumba en juif, qu'on appelle yiddish dans cette langue, mais ça n'avait pas d'importance, car Monsieur Waloumba était un brave homme.

Quand ils sont partis, Moïse et moi, on a *déshabillé* Madame Rosa des pieds à la tête et on l'a nettoyée à l'eau de Javel parce qu'elle avait fait sous elle pendant son absence. Elle a demandé un miroir et elle s'est refait une beauté. Elle savait très bien qu'elle avait des passages à vide, mais elle essayait de prendre ça avec la bonne humeur à la juive, en disant que pendant ses passages à vide elle n'avait pas de soucis et que c'était déjà ça de gagné. Moïse a fait le marché avec nos dernières économies et elle a *cuisiné* un peu sans se tromper ni rien. Après elle est allée s'asseoir, car ce n'était pas facile pour elle de faire des efforts.

– Viens ici, Momo.

---

déshabiller, le contraire de «habiller»
cuisiner, faire la cuisine

– Qu'est-ce qu'il y a ? Vous allez pas encore foutre le camp ?
– Non, j'espère que non, mais si ça continue, ils vont me mettre à l'hôpital. Je ne veux pas y aller. J'ai soixante-sept ans ...
– Soixante-neuf.
– Enfin, soixante-huit, je ne suis pas aussi vieille que j'en ai l'air. Alors, écoute-moi, Momo. Je ne veux pas aller à l'hôpital. Ils vont me faire vivre *de force*, Momo. C'est ce qu'ils font toujours à l'hôpital, ils ont des lois pour ça. Je ne veux pas vivre plus que c'est nécessaire et ce n'est plus nécessaire. Je sais que je perds la tête et je veux pas vivre des années dans le coma pour faire honneur à la médecine. Alors, si tu entends des *rumeurs* pour me mettre à l'hôpital, tu demandes à tes copains de me faire la bonne piqûre et puis de jeter mes restes à la campagne.

A ce moment on a sonné et c'est là que s'est produit cette catastrophe nationale que je n'ai pas pu encore faire entrer ici et qui m'a causé une grande joie, car elle m'a permis de vieillir d'un seul coup de plusieurs années, en dehors du reste.

On a sonné à la porte, je suis allé ouvrir et il y avait là un petit mec encore plus triste que d'habitude, avec un long nez qui descendait et des yeux comme on en voit partout, mais encore plus effrayés. Il était très pâle et transpirait beaucoup. Il tenait son chapeau à la main, comme pour prouver qu'il en avait un. Il m'a regardé avec *affolement*.

---

de force, avec violence ; ici : contre ma volonté
la rumeur, le bruit ; les nouvelles qui se répandent dans le public
l'affolement (m.), l'agitation (f.) ; la peur ; l'inquiétude (f.)

— Madame Rosa, c'est bien ici ?

J'ai fait le con, comme j'ai le droit à mon âge.

— Qui ?

— Madame Rosa.

J'ai réfléchi. Il faut toujours gagner du temps dans ces cas-là.

— C'est pas moi.

— Je suis un homme malade, dit-il. Je sors de l'hôpital où je suis resté onze ans. J'ai fait six étages sans la permission du médecin. Je viens ici pour voir mon fils avant de mourir, c'est mon droit, il y a des lois pour ça, même chez les sauvages. Je veux m'asseoir un moment, me reposer, voir mon fils, et c'est tout. Est-ce que c'est ici ? J'ai confié mon fils à Madame Rosa il y a onze ans de ça, j'ai un reçu.

Il a *fouillé* dans la poche de son pardessus et il m'a donné une feuille de papier *crasseuse* comme c'est pas possible. J'ai lu : « Reçu de Monsieur Kadir Yoûssef cinq cents francs d'avance pour le petit Mohammed, état musulman, le sept octobre 1956. » Bon, j'ai eu un coup, mais on était en 70, j'ai vite fait le compte, ça faisait quatorze ans, ça pouvait pas être moi.

— Attendez, je vais voir.

Je suis allé dire à Madame Rosa qu'il y avait là un mec avec une sale *gueule* qui venait chercher s'il y avait un fils et elle a tout de suite eu une peur bleue.

— Mon Dieu, Momo, mais il n'y a que toi et Moïse.

J'ai fait entrer le type, Madame Rosa avait des *bi-*

---

fouiller, chercher en remuant tout
crasseux, sale
la gueule, la figure ; le visage

un bigoudi

goudis sur les trois cheveux qui lui restaient, elle était maquillée, elle portait son kimono japonais rouge et quand *le gars* l'a vue, il s'est tout de suite assis sur le bord d'une chaise et il avait les genoux qui tremblaient.

— Alors, vous désirez ?

— Je vous ai confié mon fils il y a onze ans, Madame, dit le mec. Je n'ai pas pu vous faire signe de vie plus tôt, j'étais enfermé à l'hôpital. Je n'avais même plus votre nom et adresse, on m'avait tout pris, quand on m'a

---

le gars, l'homme ; le type

enfermé. Votre reçu était chez le frère de ma pauvre femme, qui est morte tragiquement. On m'a laissé sortir ce matin, j'ai retrouvé le reçu et je suis venu. Je m'appelle Kadir Yoûssef, et je viens voir mon fils Mohammed. Je veux lui dire bonjour.

Madame Rosa avait toute sa tête à elle ce jour-là, et c'est ce qui nous a sauvés.

– Madame, je suis resté onze ans psychiatrique, après cette tragédie dans les journaux dont je suis entièrement *irresponsable*.

J'ai brusquement pensé que Madame Rosa demandait tout le temps au docteur Katz si je n'étais pas psychiatrique, moi aussi. Ou héréditaire. Enfin, je m'en foutais, c'était pas moi. J'avais dix ans, pas quatorze. Merde.

– Et votre fils s'appelait comment, déjà ?
– Mohammed.
– Et le nom de la mère, vous vous en souvenez ?
– Madame, vous savez bien que j'étais irresponsable. Si ma main a fait ça, je n'y suis pour rien. J'ai fait ça dans un moment de folie. Je suis devenu très *pieux*. Je prie pour son âme à chaque heure qui passe. J'avais agi dans une crise de jalousie. J'ai fini par devenir jaloux et je l'ai tuée, je sais. Mais je ne suis pas responsable. Je ne me souvenais même de rien, après. Je l'aimais à la folie. Je ne pouvais pas vivre sans elle.

Madame Rosa a *ricané*. Je ne l'ai jamais vue ricaner comme ça.

– Bien sûr que vous ne pouviez pas vivre sans elle,

---

irresponsable, le contraire de responsable
pieux, dévot ; religieux ; qui a l'amour de Dieu
ricaner, rire à demi de façon sarcastique

Monsieur Kadir. Aïcha vous rapportait cent mille *balles* par jour depuis des années. Vous l'avez tuée pour qu'elle vous rapporte plus.

Le type a poussé un petit cri et puis il s'est mis à pleurer. C'était la première fois que je voyais un Arabe pleurer, à part moi. J'ai même eu pitié, tellement je m'en foutais.

– Vous me devez trois ans de pension, Monsieur Kadir. Il y a onze ans que vous ne nous avez pas donné signe de vie.

– Mais je n'avais même pas votre nom et adresse ! L'oncle d'Aïcha a gardé le reçu au Brésil ... J'étais enfermé ! Je sors ce matin ! Je vais chez sa belle-fille à Kremlin-Bicêtre, ils sont tous morts, sauf leur mère qui se souvenait vaguement de quelque chose. Signe de vie ! Qu'est-ce que ça veut dire, signe de vie ?

– De l'argent, dit Madame Rosa avec bon sens.

– Où voulez-vous que j'en trouve, Madame ? Quand nous vous avons confié notre fils, j'*étais en* pleine *possession de* mes moyens. J'avais trois femmes qui travaillaient aux *halles* dont une que j'aimais tendrement. Je pouvais me permettre de donner une bonne éducation à mon fils. Après, j'ai été pris d'irresponsabilité et j'ai fait mon malheur ...

Il pleurait comme une vieille Juive, ce type-là.

– On a pas le droit de laisser tomber son fils comme *une merde* sans payer, dit Madame Rosa *sévèrement*.

---

la balle, ici : le franc
être en possession de, posséder
une halle, une vaste place couverte où se tient un marché
une merde, ici : un être ou une chose sans valeur
sévèrement, d'une façon dure

La seule chose qui m'intéressait là-dedans c'était de savoir si c'était de moi qu'il s'agissait comme Mohammed ou non. Si c'était moi, alors je n'avais pas dix ans, mais quatorze ans et ça, c'était important, car si j'avais
5 quatorze ans, j'étais beaucoup moins un môme, et c'est la meilleure chose qui peut vous arriver.

– Madame, j'ai été coupé du monde extérieur pendant onze ans, *j'étais* donc *dans l'impossibilité matérielle.* J'ai là un certificat médical qui me prouve ...
10 – Moi, les documents qui prouvent des choses, j'en veux pas, tfou, tfou, tfou, dit Madame Rosa.

– Je n'ai pas pu vous envoyer de l'argent parce que j'ai été déclaré irresponsable du *meurtre* que j'ai commis et j'ai été enfermé. Je pense que c'est l'oncle de ma
15 pauvre femme qui vous envoyait de l'argent, avant de mourir. Je suis une victime du sort. Je ne peux pas rendre la vie à Aïcha, mais je veux embrasser mon fils avant de mourir et lui demander de me pardonner et de prier Dieu pour moi.

20 Ce mec n'avait pas du tout la gueule qu'il fallait pour être mon père. J'étais de père inconnu, à cause de la loi des grands nombres. J'étais content de savoir que ma mère s'appelait Aïcha. C'est le plus joli nom que vous pouvez imaginer.

25 Monsieur Yoûssef Kadir se tourna vers moi et me regarda avec une peur bleue, à cause des émotions que ça allait lui causer.

– C'est lui ?

être dans l'impossibilité de, ne pas pouvoir
matériel, ici : physique
un meurtre, l'action de tuer exprès un être humain

Mais Madame Rosa avait toute sa tête.

– Moïse, dis bonjour à ton papa.

– Pardon ? Qu'est-ce que j'ai entendu ? Vous avez dit Moïse ? C'est un nom juif. Moïse n'est pas un bon nom musulman. Je vous ai confié un Mohammed, Madame, je ne vous ai pas confié un Moïse. Je ne peux pas avoir un fils juif, Madame, ma santé ne me le permet pas. Il y avait un Mohammed Kadir, pas un Moïse Kadir, Madame, je ne veux pas redevenir fou. Je n'ai rien contre les Juifs, Madame, Dieu leur pardonne. Mais je suis un Arabe, un bon musulman, et j'ai eu un fils dans le même état.

– Mais alors, vous êtes sûr que vous n'êtes pas juif ? demanda Madame Rosa avec espoir.

– Madame, je suis *persécuté* sans être juif. Vous n'avez pas le monopole. C'est fini, le monopole juif, Madame.

– Momo, fais-moi voir les papiers, dit Madame Rosa.

J'ai sorti la grande valise de famille qui était sous le lit. J'ai donné *toute la paperasserie* à Madame Rosa et elle a commencé à chercher à travers ses lunettes.

– Voilà, j'ai trouvé, dit-elle avec triomphe, en mettant le doigt dessus. Le sept octobre 1956 ... J'ai reçu ce jour-là deux garçons dont un dans un état musulman et un autre dans un état juif ... Ah bon, tout s'explique. J'ai dû me tromper de bonne religion. J'ai dû élever Mohammed comme Moïse et Moïse comme Mohammed. Je les ai reçus le même jour et j'ai mélangé. Le petit Moïse, le bon, est maintenant dans une bonne famille musulmane à Marseille, où il est très

---

persécuter, s'attaquer à ; poursuivre cruellement
toute la paperasserie, tous les papiers

bien vu. Et votre petit Mohammed ici présent, je l'ai élevé comme juif. Il a toujours mangé *kasher*, vous pouvez être tranquille. Et quand on laisse son fils pendant onze ans sans le voir, il faut pas s'étonner qu'il devient juif...

Monsieur Yoûssef Kadir s'est levé et il nous regardait avec des yeux où il y avait des horreurs.

— Je veux qu'on me rende mon fils dans l'état dans lequel il se trouvait ! Je veux mon fils dans un bon état arabe et pas dans un mauvais état juif !

— Les états arabes et les états juifs, ici, ce n'est pas tenu compte, dit Madame Rosa. Si vous voulez votre fils, vous le prenez dans l'état dans lequel il se trouve. D'abord, vous tuez la mère du petit, ensuite vous vous faites déclarer psychiatrique et ensuite vous faites encore un état parce que votre fils a été grandi juif, en tout bien tout honneur ! Moïse, va embrasser ton père même si ça le tue, c'est quand même ton père.

Moïse a fait un pas vers Monsieur Yoûssef Kadir et celui-ci a dit une chose terrible pour un homme qui ne savait pas qu'il avait raison.

— Ce n'est pas mon fils ! cria-t-il, en faisant un drame.

Il s'est levé, il a fait un pas vers la porte et c'est là qu'il a dit ah ! et puis oh !, il a placé une main à gauche là où on met le cœur et il est tombé par terre comme s'il n'avait plus rien à dire.

— Tiens, qu'est-ce qu'il a ? a demandé Madame Rosa. Qu'est-ce qu'il a ? Il faut voir.

On a attendu, mais il refusait de bouger. Madame

---

kasher, se dit d'un aliment permis, préparé rituellement selon les règles diététiques de la loi israélite

Rosa a commencé à *s'affoler*, elle m'a dit de courir vite chercher quelqu'un faire quelque chose, mais je voyais bien que Monsieur Kadir Yoûssef était complètement mort. J'ai pincé Monsieur Yoûssef Kadir ici et là et je lui ai placé le miroir devant les lèvres, mais il n'avait plus de problème. Moïse naturellement a filé tout de suite, car il était pour la fuite, et moi, j'ai couru chercher les frères Zaoum pour leur dire qu'on avait un mort et qu'il fallait le mettre dans l'escalier pour qu'il ne soit pas mort chez nous. Ils sont montés et ils l'ont mis sur le palier du quatrième devant la porte de Monsieur Charmette qui était français d'origine et qui pouvait se le permettre.

Je suis quand même redescendu, je me suis assis à côté de Monsieur Yoûssef Kadir mort et je suis resté là un moment, même si on ne pouvait plus rien l'un pour l'autre.

J'ai cherché dans ses poches pour voir s'il n'y avait pas un souvenir, mais il y avait seulement un paquet de cigarettes, des *gauloises* bleues. Il y en avait encore une à l'intérieur et je l'ai fumée assis à côté de lui, parce qu'il avait fumé toutes les autres et ça me faisait quelque chose de fumer celle qui en restait.

J'ai même chialé un peu. Ça me faisait plaisir, comme s'il y avait quelqu'un à moi que j'ai perdu. Ensuite j'ai entendu police-secours et je suis remonté bien vite pour ne pas avoir d'ennuis.

Madame Rosa était encore affolée et ça m'a rassuré de la voir dans cet état et pas dans l'autre. Des fois, elle

---

s'affoler, perdre la tête par affolement
une gauloise, une cigarette française

n'avait que quelques heures par jour et Monsieur Kadir Yoûssef était tombé au bon moment.

— Ça t'a fait de la peine, Momo ?

— Mais non, Madame Rosa, je suis content d'avoir quatorze ans.

— C'est mieux comme ça. Et puis, un père qui a été psychiatrique, c'est pas du tout ce qu'il te faut, parce que des fois c'est héréditaire. Et puis, tu sais, Aïcha faisait un gros *chiffre d'affaires*, et on peut pas vraiment savoir qui est le père, là-dedans.

Après je suis descendu et je lui ai acheté un gâteau au chocolat chez Monsieur Driss qu'elle a mangé.

Elle a continué à avoir toute sa tête pendant plusieurs jours. Les frères Zaoum montaient deux fois par semaine le docteur Katz sur l'un de leurs dos. Quand je suis monté, le docteur Katz essayait de convaincre Madame Rosa pour qu'elle aille à l'hôpital.

— Ah, voilà notre petit Momo qui vient aux nouvelles ! Eh bien, les nouvelles sont bonnes, ce n'est toujours pas le cancer, je peux vous rassurer, ha, ha ! ... Mais comme nous avons des moments difficiles, parce que notre pauvre tête *est* parfois *privée de* circulation, et comme nos *reins* et notre cœur ne sont pas ce qu'ils étaient autrefois, il vaut peut-être mieux que nous allions passer quelque temps à l'hôpital, dans une grande et belle salle où tout finira par s'arranger.

Juste à ce moment-là *ça s'est bloqué* dans sa tête et

---

le chiffre d'affaires, le total de ce qu'on a vendu entre deux budgets (souvent une année)
être privé de, manquer de ; ne pas avoir
ça s'est bloqué, ici : ça a cessé de fonctionner

elle est restée partie deux jours et trois nuits sans se rendre compte. Mais son cœur continuait à servir et elle était pour ainsi dire en vie.

Je suis resté assis à côté d'elle autant que c'est possible sans aller manger un morceau. Je voulais être là quand elle allait revenir pour être la première chose qu'elle verrait.

Le deuxième jour je suis sorti et j'ai marché dans les rues en pensant à Dieu et à des choses comme ça, car j'avais envie de sortir encore plus.

Je suis allé d'abord rue de Ponthieu, dans cette salle où ils ont des moyens pour faire reculer le monde. J'avais aussi envie de revoir la môme blonde et jolie qui sentait frais et qui s'appelait Nadine ou comment déjà. C'était peut-être pas très gentil pour Madame Rosa, mais qu'est-ce que vous voulez.

Bon, vous n'allez pas me croire si je vous disais qu'elle était là à m'attendre, dans cette salle, je ne suis pas le genre de mec qu'on attend. Mais elle était là et j'ai presque senti le goût de la glace à la vanille qu'elle m'avait payée.

– Mohammed !

Elle a couru vers moi comme si j'étais quelqu'un

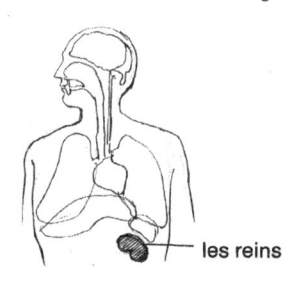

les reins

et m'a mis le bras autour des épaules. Les autres me regardaient parce que c'est un nom arabe.
- Mohammed ! Qu'est-ce qu'il y a ? Pourquoi pleures-tu ? Mohammed ! Qu'est-ce qu'il y a ?
5 - Il y a ..., il y a rien.
- Ecoute, j'ai fini mon travail, on va aller chez moi et tu vas tout me raconter.

Elle a couru chercher son *imper* et on est parti dans sa voiture.

10 Nous sommes montés chez elle et là il y avait un mec que je ne connaissais pas. Un grand, avec des longs cheveux et des lunettes, qui m'a serré la main et n'a rien dit, comme si c'était naturel. Il était plutôt jeune et ne devait pas avoir deux ou trois fois plus que moi.

15 Ils ont commencé à parler entre eux en anglais dans une langue que je ne connaissais pas et puis je fus servi de thé avec des sandwiches qui étaient vachement bons.

Je suis bien resté muet pendant une demi-heure et j'ai entendu le mec dire que j'étais en état de choc, ce
20 qui m'a fait plaisir parce que ça avait l'air de les intéresser.

On a causé un peu, après ça, parce que j'étais bien. Quand je leur ai expliqué que la personne humaine était une vieille Juive en état de manque, ils ont pro-
25 noncé des mots que j'avais déjà entendus comme sénilité et *sclérose cérébrale* et j'étais content parce que je parlais de Madame Rosa et ça me fait toujours plaisir. Je leur ai expliqué que Madame Rosa était une ancienne pute qui était revenue comme déportée dans
30 les foyers juifs en Allemagne. J'arrivais plus à m'ar-

---

un imper (= un imperméable), un manteau de pluie
la sclérose cérébrale, la sclérose du cerveau

rêter tellement j'avais envie de tout sortir. Le mec de Madame Nadine s'appelait Ramon et il m'a dit qu'il était un peu médecin. Il m'a dit que les enfants de putes, c'est plutôt mieux qu'autre chose parce qu'on peut se choisir un père qu'on veut, on est pas obligé. Ça me faisait vraiment du bien de leur parler parce qu'il me semblait que c'était arrivé moins, une fois que je l'avais sorti. La môme Nadine avait un sourire qui était tout à fait pour moi. Quand je leur ai dit comment j'avais eu quatorze ans d'un seul coup alors que j'en avais dix encore la veille, j'ai encore marqué un point, tellement ils étaient intéressés.

   Je *m'emballais* de plus en plus et je ne pouvais plus m'arrêter de parler. A un moment le docteur Ramon s'est même levé et il a même mis *le magnétophone* pour mieux m'écouter. C'était la première fois que j'étais digne d'intérêt et qu'on me mettait même sur magnétophone.

   J'arrivais plus à parler et ils m'ont dit que je pouvais rester dormir chez eux. Mais je leur ai expliqué que je devais aller m'occuper de Madame Rosa qui allait bientôt mourir et après j'allais voir. Ils m'ont encore donné un papier avec leur nom et adresse et la môme Nadine m'a dit qu'elle allait me raccompagner en voiture et que le docteur viendrait avec nous pour jeter

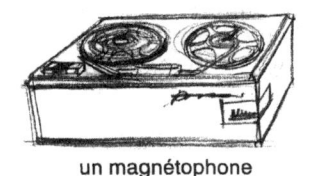

un magnétophone

---

s'emballer, ici : s'enthousiasmer

un coup d'œil à Madame Rosa pour voir s'il y avait quelque chose qu'il pouvait faire.

On allait sortir quand quelqu'un a sonné à la porte cinq fois de suite et lorsque Madame Nadine a ouvert, j'ai vu les deux mômes que je connaissais déjà et qui étaient là chez eux, il n'y avait rien à dire. C'étaient ses mômes à elle qui revenaient de l'école ou quelque chose comme ça. Ils étaient blonds et habillés comme on croit rêver, avec des vêtements de luxe. Ils m'ont tout de suite regardé comme si j'étais de la merde.

– Venez, je vous présente notre ami Mohammed, dit leur mère.

Elle aurait pas dû dire Mohammed, elle aurait dû dire Momo. J'ai pas honte d'être arabe, au contraire, mais Mohammed en France, ça fait balayeur ou *main-d'œuvre*. Ça veut pas dire la même chose qu'un Algérien. Et puis Mohammed, ça fait con. C'est comme si on disait Jésus-Christ en France, ça fait *rigoler* tout le monde.

Les deux mômes m'ont tout de suite cherché. Le plus jeune, celui qui devait avoir dans les six ou sept ans, parce que l'autre devait faire dans les dix, m'a regardé comme s'il n'avait jamais vu ça, et puis il a dit :

– Pourquoi il est habillé comme ça ?

J'étais pas pour me faire insulter.

Je savais bien que j'étais pas chez moi ici. Là-dessus l'autre m'a regardé encore plus et il m'a demandé :

– Tu es arabe ?

Merde. Je ne me fais pas traiter d'Arabe par personne. Et puis, quoi, c'était pas la peine d'insister,

---

main-d'œuvre, ici : ouvrier
rigoler, rire ; s'amuser

j'étais pas jaloux ni rien, mais la place n'était pas pour moi et puis, elle était déjà prise, j'avais rien à dire. J'ai eu un truc à la gorge que j'ai avalé et puis, je me suis précipité dehors et j'ai foutu le camp.

On était pas du même quartier, quoi.

Je n'avais qu'une envie, c'était de m'asseoir à côte de Madame Rosa parce qu'elle et moi, au moins, c'était la même merde.

J'ai couru l'embrasser. Elle sentait pas bon parce qu'elle avait pissé sous elle pour des raisons d'état. Je l'ai embrassée encore plus parce que je ne voulais pas qu'elle s'imagine qu'elle me *dégoûtait*.

– Ils vont venir, Momo ...

– Pas maintenant, Madame Rosa. On vous a pas dénoncée. Vous êtes bien vivante, même que vous avez pissé sous vous, il n'y a que les vivants qui font ça.

– Inch' Allah, dit Madame Rosa. Je vais bientôt mourir et je suis contente de mourir, Momo. Mais il ne faut pas les laisser m'emmener à l'hôpital, Momo. A aucun prix, il ne faut pas. Tu me jures ...

– L'hôpital, tant que je suis là, c'est *zobbi*, Madame Rosa.

Elle a presque souri.

– Madame Rosa, pourquoi vous m'avez dit que j'avais dix ans alors que j'en ai quatorze ?

– J'avais peur que tu me quittes, Momo, alors je t'ai un peu diminué. Je ne voulais pas que tu deviennes grand trop vite. Excuse-moi.

Du coup, je l'ai embrassée et je lui ai passé un bras

---

dégoûter, être dégoûtant
zobbi (vulg.), jamais

autour des épaules comme si elle était une femme.

Mais madame Rosa se gâtait de plus en plus et je ne peux pas vous dire combien c'est injuste quand on est en vie uniquement parce qu'on souffre. Le docteur Katz est venu donner à Madame Rosa un examen périodique et cette fois, j'ai tout de suite senti que le malheur allait frapper à notre porte.

– Il faut la transporter à l'hôpital. Elle ne peut pas rester ici.

– Est-ce qu'ils me prendront à l'hôpital avec elle ?

Ça l'a un peu rassuré et il a même souri.

– Tu es un bon petit, Momo. Non, mais tu pourras lui faire des visites. Seulement, bientôt, elle ne te reconnaîtra plus...

– Ecoutez, docteur Katz, n'appelez pas l'hôpital. Donnez-moi encore quelques jours. Peut-être qu'elle va mourir toute seule. Et puis, il faut que je m'arrange. Sans ça ils vont me verser à l'Assistance.

Il a soupiré encore. Ce mec-là, chaque fois qu'il respirait, c'était pour soupirer.

– Tu n'as jamais été un enfant comme les autres, Momo. Et tu ne seras jamais comme les autres, j'ai toujours su ça.

– Je ferai tout pour ne pas être normal, docteur...

– Pour Madame Rosa, je veux bien attendre encore quelques jours, mais je pense qu'il est *indispensable* de la mettre à l'hôpital. Nous n'avons pas le droit d'*abréger* ses souffrances. En attendant, faites-lui faire un peu d'exercice, mettez-la debout, remuez-la, faites-lui faire des petites promenades dans la chambre, parce que

---

indispensable, absolument nécessaire
abréger, diminuer la durée de

sans ça elle va faire des abcès. Il faut la remuer un peu. Deux jours ou trois, mais pas plus ...

J'ai appelé un des frères Zaoum qui l'a descendu sur ses épaules.

Le docteur Katz vit encore et un jour j'irai le voir.

Je suis resté un moment assis seul dans l'escalier pour avoir la paix.

Madame Rosa *reprenait* si vite *du poil de la bête* qu'elle a pu se lever et même marcher toute seule. Quand Madame Lola est partie au boulot avec son sac à main, nous avons fait dînette et Madame Rosa a *dégusté* le poulet que Monsieur Djamaïli, l'épicier bien connu, lui a fait porter. Après, elle a bu un peu de thé avec de la confiture et pris un air songeur.

– Momo, qu'est-ce qu'il t'a dit, le docteur Katz ?

– Il a dit qu'il faut vous mettre à l'hôpital et que là-bas ils vont s'occuper de vous pour vous empêcher de mourir. Vous pouvez vivre encore longtemps.

– Comment ça s'appelle chez eux, cette maladie que j'ai ? Je veux savoir. Je sais qu'il y a des jours que je n'ai plus ma tête à moi.

– C'est rien, Madame Rosa, on peut très bien vivre comme ça.

– Comment « comme ça » ?

J'ai pas pu tenir. J'avais des larmes qui m'*étouffaient* à l'intérieur. Je me suis jeté sur elle, elle m'a pris dans ses bras et j'ai gueulé :

---

reprendre du poil de la bête, se ressaisir ; rentrer en possession de son calme
déguster, ici : manger avec grand plaisir
étouffer, gêner en rendant la respiration difficile

– Comme un légume, Madame Rosa, comme un légume ! Ils veulent vous faire vivre comme un légume !

Elle n'a rien dit. Elle a seulement transpiré un peu.

– Quand est-ce qu'ils vont venir me chercher ?

– Je ne sais pas, dans un jour ou deux, le docteur Katz vous aime bien, Madame Rosa.

– Je n'irai pas, dit Madame Rosa.

Et puis elle n'a plus rien dit.

Je me suis réveillé content le lendemain. Madame Rosa était vivante et elle m'a fait un beau sourire pour montrer que tout allait bien. Elle a pris le miroir et elle a dit seulement :

– Qu'est-ce que je suis devenue moche, Momo. Je suis monstrueuse, je le sais bien.

Elle m'a regardé. Elle m'a demandé à s'habiller, mais je ne pouvais pas l'aider tout seul et je suis allé au foyer noir où j'ai trouvé Monsieur Waloumba, Monsieur Sokoro, Monsieur Tané et d'autres dont je ne peux pas vous dire les noms, car ils sont tous gentils là-bas.

Dès qu'on est remonté, j'ai tout de suite vu que Madame Rosa était de nouveau imbécile. Je me suis tout de suite rappelé ce que le docteur Katz m'avait dit au sujet des exercices qu'il fallait faire à Madame Rosa pour la remuer et pour que son sang se précipite dans tous les endroits où on a besoin de lui. On a vite couché Madame Rosa sur une couverture et les frères de Monsieur Waloumba l'ont soulevée et ils se sont mis à l'agiter, mais à ce moment le docteur Katz est arrivé sur le dos de Monsieur Zaoum l'aîné, avec ses instruments de médecine dans une petite valise. J'ai jamais vu le docteur Katz aussi furieux et il a même dû s'asseoir et se tenir le cœur, car tous ces Juifs ici sont malades, ils sont venus à Belleville il y a très longtemps d'Europe, ils sont vieux et fatigués et c'est pour ça qu'ils se sont arrêtés ici et n'ont pas pu aller plus loin. Il m'a *engueulé* quelque chose de terrible et nous a tous traités de sauvages. Puis il s'est excusé en disant qu'il n'avait pas prescrit de jeter Madame Rosa en l'air comme *une crêpe* pour la remuer, mais de la faire marcher ici et là à petits pas avec mille précautions.

– Monsieur Waloumba et ses *compatriotes* ont vite placé Madame Rosa dans son fauteuil, car il fallait changer les draps, à cause de ses besoins naturels.

– Je vais téléphoner à l'hôpital, dit le docteur Katz définitivement. Je demande immédiatement une ambulance. Son état l'exige. Il lui faut des soins constants.

C'est alors que j'ai eu une idée géniale, car j'étais vraiment capable de tout.

– Docteur Katz, on ne peut pas la mettre à l'hôpital. Pas aujourd'hui. Aujourd'hui, elle a de la famille, de la famille en Israël et ils arrivent aujourd'hui.

Le docteur Katz a observé une minute de silence à la mémoire d'Israël. Il *n'en revenait pas*.

– Ça, je ne savais pas, dit-il, et il avait maintenant du respect dans la voix, car pour les Juifs, Israël c'est quelque chose.

– Ils arrivent aujourd'hui pour la chercher. Ils vont l'emmener en Israël. C'est tout arrangé. Ils ont appris qu'elle n'avait plus sa tête à elle, alors ils vont l'emmener vivre en Israël. Ils prennent l'avion demain.

---

engueuler, attaquer par des propos insultants
une crêpe, voir illustration page 84
un compatriote, une personne qui vient du même pays qu'une autre
n'en revenir pas, être très étonné

- Tss, tss, fit le docteur Katz en *hochant* la tête. C'est une bonne nouvelle. La pauvre femme a tellement souffert dans sa vie ... Mais pourquoi ne lui ont-ils pas fait signe avant ?
  - Ils lui écrivaient de venir, mais Madame Rosa, elle voulait pas m'abandonner. Madame Rosa et moi, on ne peut pas sans l'autre. C'est tout ce qu'on a au monde. Elle voulait pas me lâcher. Encore hier, j'ai dû la supplier. Madame Rosa, allez dans votre famille en Israël. Vous allez mourir tranquillement, ils vont s'occuper de vous, là-bas. Ici, vous êtes rien. Là-bas, vous êtes beaucoup plus.

Le docteur Katz me regardait la bouche ouverte d'étonnement.

  - C'est la première fois qu'un Arabe envoie un Juif en Israël, dit-il, et il arrivait à peine à parler.
  - Enfin, elle a accepté. Ils viennent aujourd'hui la chercher et demain, ils prennent l'avion.
  - Et toi, mon petit Mohammed ? Qu'est-ce que tu vas devenir ?
  - J'ai trouvé quelqu'un ici, en attendant de me faire venir.

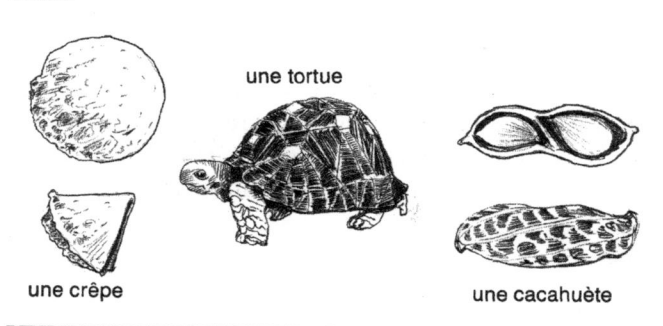

une tortue

une crêpe

une cacahuète

---

hocher, secouer

Le docteur Katz s'est levé.

– En bien, c'est une bonne nouvelle. Dis à sa famille de passer me voir, je ne bouge plus, tu sais.

Moi, j'étais là avec mon parapluie Arthur et mon pardessus et je regardais Madame Rosa couchée sur son dos sur le lit comme une grosse *tortue* qui était pas faite pour ça.

– Momo...

J'ai même pas levé la tête.

– Oui, Madame Rosa.

– J'ai tout entendu.

– Je sais, j'ai bien vu quand vous avez regardé.

– Tu as bien fait, mon petit Momo. Tu vas m'aider.

– Bien sûr que je vais vous aider, Madame Rosa, mais encore pas tout de suite.

J'ai même chialé un peu.

Elle a eu une bonne journée et elle a bien dormi, mais le lendemain soir ça s'est gâté encore plus quand *le gérant* est venu parce qu'on n'avait pas payé *le loyer* depuis des mois. Il nous a dit que c'était honteux de garder en appartement une vieille femme malade avec personne pour s'en occuper et qu'il fallait la mettre dans *un asile* pour raisons humanitaires. C'était un gros *chauve* et il est parti en disant qu'il allait téléphoner à l'hôpital de la Pitié pour Madame Rosa et à

---

un gérant, un homme qui dirige un commerce (à la place du propriétaire)
le loyer, l'argent que l'on paie quand on loue une maison ou un appartement
un asile, ici : un établissement public destiné à recevoir des vieillards ; un hospice
chauve, qui n'a plus de cheveux

l'Assistance publique pour moi. Il avait aussi des grosses moustaches qui remuaient. J'ai *dégringolé* l'escalier et j'ai *rattrapé* le gérant alors qu'il était déjà dans le café de Monsieur Driss pour téléphoner. Je lui ai dit que la famille de Madame Rosa allait arriver le lendemain pour l'emmener en Israël et que j'allais partir avec elle. J'ai eu une idée géniale et je lui ai dit que la famille de Madame Rosa allait lui payer les trois mois de loyer qu'on lui devait, alors que l'hôpital n'allait rien payer du tout. Je lui ai même fait remarquer que s'il mettait Madame Rosa à l'hôpital et moi à l'Assistance, il allait avoir tous les Juifs et tous les Arabes de Belleville sur le dos, parce qu'il nous a empêchés de retourner dans la terre de nos *ancêtres*. Je lui ai promis qu'avec Madame Rosa et moi il allait avoir ensemble les terroristes juifs et les terroristes arabes sur le dos. Tout le monde nous regardait et j'étais très content de moi. Le gérant était devenu tout pâle et il nous a dit qu'il ne savait pas qu'on allait rentrer chez nous et qu'il était le premier à se réjouir. Il m'a même demandé si je voulais boire quelque chose. C'était la première fois qu'on m'offrait à boire comme un homme. J'ai commandé un Coka, je leur ai dit salut et je suis remonté au sixième. Il n'y avait plus de temps à perdre.

J'ai trouvé madame Rosa dans son état d'habitude, mais je voyais bien qu'elle avait peur et signe d'intel-

---

dégringoler, descendre très vite
rattraper, atteindre de nouveau
les ancêtres (m.), les personnes qui sont à l'origine d'une famille ou d'un peuple

ligence. Elle a même prononcé mon nom, comme si elle
m'appelait au secours.
– Je suis là, Madame Rosa, je suis là ...
– Momo ...
– Soyez tranquille, Madame Rosa, je vous laisserai
pas devenir champion du monde des légumes dans un
hôpital ...
J'ai dû la secouer et elle a essayé de se lever.
– Dépêchez-vous, Madame Rosa, vite, il faut partir ...
– Ils arrivent ?
– Pas encore, mais il faut partir d'ici. On va aller
en Israël, vous vous souvenez ?
– Aide-moi, Momo ...
J'ai eu du mal à l'habiller et *par-dessus le marché*, elle a
voulu se faire belle et j'ai dû lui tenir le miroir pendant
qu'elle se maquillait. La seule chose dans laquelle elle
pouvait encore entrer tout entière c'était son kimono
modèle japonais avec des oiseaux, des fleurs et le soleil
qui se levait. Il était rouge et orange. Elle a aussi mis
sa perruque et elle a encore voulu se regarder dans la
glace de l'armoire, mais je ne l'ai pas laissé faire, ça
valait mieux.

Il était déjà onze heures du soir quand on a pu
prendre l'escalier. Je ne savais pas combien Madame
Rosa avait encore de force en elle pour aller mourir
dans son trou juif. J'avais jamais compris pourquoi elle
l'avait *aménagé* et pourquoi elle y descendait de temps
en temps, s'asseyait, regardait autour d'elle et respirait.
Maintenant, je comprenais. Au troisième, on a croisé

---

par-dessus le marché, en plus
aménager, arranger ; installer

87

Monsieur Mimoûn qui vend des *cacahuètes* et des marrons à Montmartre et qui va bientôt rentrer au Maroc fortune faite. Il s'est arrêté, il a levé les yeux et il a demandé :
5   – Qu'est-ce que c'est, mon Dieu ?
  – C'est Madame Rosa qui se rend en Israël.

Il a pris son mouchoir, il s'est essuyé le front et puis il a aidé Madame Rosa à descendre. En bas, il a voulu savoir où étaient ses bagages, il s'est même fâché et a
10 commencé à gueuler qu'on n'avait pas le droit d'envoyer une femme chez les Juifs dans un état pareil. Je lui ai dit de monter au sixième et de parler à la famille de Madame Rosa qui s'occupait des bagages et il est parti en disant que la dernière chose qu'il voulait
15 c'était de s'occuper d'envoyer des Juifs en Israël. On est restés seuls en bas et il fallait se dépêcher, car il y avait encore un demi étage à descendre jusqu'à la cave.

Quand on y est arrivé, Madame Rosa *s'est écroulée* dans le fauteuil et j'ai cru qu'elle allait mourir. Je me
20 suis assis par terre à côté d'elle et je lui ai tenu la main. Elle a ouvert les yeux et elle a dit :
  – Maintenant, je vais mourir tranquille.

Elle m'a même souri.
  – Je ne vais pas battre le record du monde des
25 légumes.
  – Inch' Allah.
  – Oui, inch'Allah, Momo. Tu es un bon petit. On a toujours été bien ensemble. Maintenant, fais-moi dire ma prière, Momo. Je pourrai peut-être plus jamais.
30   – Shma israël adenoï...

---

une cacahuète, voir illustration page 84
s'écrouler, tomber de toute sa masse

Elle a eu encore une bonne heure, mais après elle s'est encore détériorée. La nuit elle *marmonnait* en polonais à cause de son *enfance* là-bas et elle s'est mise à répéter le nom d'un mec qui s'appelait Blumentag. Après elle a plus rien dit du tout et elle est restée là avec un air vide à regarder le mur en face et à pisser sous elle.

Il y avait beaucoup de bougies et j'en ai allumé un tas pour avoir moins noir. Elle a encore murmuré

---

marmonner, murmurer
l'enfance (f.), la première période de la vie humaine (de la naissance à treize ans)

Blumentag, Blumentag deux fois. Et puis je me suis rappelé que Blumentag ça veut dire jour des fleurs en juif et ça devait être encore un rêve de femme qu'elle faisait. Elle a dû aller à la campagne une fois, quand elle était jeune, peut-être avec un mec qu'elle aimait, et ça lui est resté. Je me suis rappelé aussi que j'ai oublié son maquillage et tout ce qu'elle aimait pour être femme et je suis remonté, même que j'en avais marre, elle était vraiment exigeante, Madame Rosa.

J'ai mis le matelas à côté d'elle, mais j'ai pas pu fermer l'œil parce que j'avais peur des rats qui ont une réputation dans les caves, mais il n'y en avait pas. Je me suis endormi je ne sais pas quand et quand je me suis réveillé il n'y avait presque plus de bougies allumées. Madame Rosa avait les yeux ouverts, c'était un miracle qu'on a pu descendre dans son état.

Quand je suis sorti, il était midi, et quand on me demandait comment allait Madame Rosa, je disais qu'elle était partie dans son foyer juif en Israël, sa famille était venue la chercher. Tout le monde était heureux que la Juive avait trouvé la paix.

Je suis retourné dans la cave. Madame Rosa était dans son état d'habitude. J'ai allumé toutes les bougies que je pouvais. J'ai pris son maquillage et je lui en ai mis sur les lèvres et les joues. Je voyais bien qu'elle ne respirait plus, mais ça m'était égal, je l'aimais même sans respirer. Je me suis mis à côté d'elle sur le matelas avec mon parapluie et j'ai essayé de me sentir encore plus mal pour mourir tout à fait. Parfois je me levais et je l'ai embrassée une ou deux fois, mais ça sert à rien non plus. Son visage était froid. J'ai dormi encore à côté d'elle et puis je suis remonté chez Madame Lola. Elle était en train de se raser, elle avait de la musique et des œufs au plat qui sentaient bon. Lorsqu'elle m'a ouvert la porte, elle est restée sans paroles, tellement j'avais dû changer depuis quatre ans.

– Mon Dieu, Momo ! Qu'est-ce qu'il y a, tu es malade ?

– Je voulais vous dire adieu pour Madame Rosa. Elle est dans son trou juif.

– Quoi ?

– Elle est partie en Israël.

– Mais elle ne m'a jamais dit qu'elle allait partir.

– Ils sont venus la chercher en avion.

– Qui ?

– La famille. Elle avait *plein de* famille là-bas. Ils sont venus la chercher en avion avec une voiture à sa disposition. Une Jaguar.

– Et elle t'a laissé seul ?

– Je vais partir là-bas aussi, elle me fait venir.

Madame Lola m'a regardé encore et elle m'a touché le front.

– Mais tu as de la fièvre, Momo ! Viens manger avec moi, ça te fera du bien.

– Non, merci, je mange plus.

– Tu veux pas venir vivre avec moi, en attendant ?

– Non, merci, Madame Lola.

– Tu peux rester ici. Je vais m'occuper de toi.

– Non, merci, Madame Lola. J'ai déjà quelqu'un.

Je suis redescendu et je me suis enfermé avec Madame Rosa dans son trou juif. Mais j'ai pas pu tenir. Je lui ai versé dessus tout le parfum qui restait, mais c'était pas possible. Je suis *ressorti* et je suis allé rue

---

plein de (fam.), beaucoup de
ressortir, sortir d'un lieu peu après y être entré

Coulé où j'ai acheté des couleurs à peindre et puis des bouteilles de parfum. Je ne voulais rien manger pour punir tout le monde, mais c'était même plus la peine de leur adresser la parole et j'ai bouffé des saucisses
5 dans *une brasserie*. Quand je suis rentré, Madame Rosa sentait encore plus fort, à cause des lois de la nature et je lui ai versé dessus une bouteille de parfum Samba qui était son préféré. Je lui ai peint ensuite la figure avec toutes les couleurs que j'ai achetées pour qu'elle se
10 voie moins. Elle avait toujours les yeux ouverts, mais avec le rouge, le vert, le jaune et le bleu autour c'était moins terrible parce qu'elle n'avait plus rien de naturel. Après j'ai allumé sept bougies comme c'est toujours chez les Juifs et je me suis couché sur le matelas à côté
15 d'elle. Ce n'est pas vrai que je suis resté trois semaines à côté du *cadavre* de ma mère adoptive parce que Madame Rosa n'était pas ma mère adoptive. C'est pas vrai et j'aurais pas pu tenir, parce que je n'avais plus de parfum. Je suis sorti quatre fois pour acheter du
20 parfum avec l'argent que madame Lola m'a donné et j'en ai volé autant. Je lui ai tout versé dessus et je lui ai peint et repeint le visage avec toutes les couleurs que j'avais pour cacher les lois de la nature, mais elle se gâtait terriblement de partout parce qu'il n'y a pas de
25 pitié. Quand ils ont enfoncé la porte pour voir d'où ça venait et qu'ils m'ont vu couché à côté, ils se sont mis à gueuler au secours, quelle horreur. Ils m'ont transporté en ambulance où ils ont trouvé dans ma poche le bout de papier avec le nom et l'adresse. Ils vous ont
30 appelés parce que vous avez le téléphone, ils avaient cru

---

une brasserie, un grand café restaurant
un cadavre, un corps mort

que vous étiez quelque chose pour moi. C'est comme ça que vous êtes tous arrivés et que vous m'avez pris chez vous à la campagne sans aucune obligation de ma part. Je pense que Monsieur Hamil avait raison et qu'on ne peut pas vivre sans quelqu'un à aimer, mais je ne vous promets rien, il faut voir. Moi, j'ai aimé Madame Rosa et je vais continuer à la voir. Mais je veux bien rester chez vous un bout de temps, puisque vos mômes me le demandent. C'est Madame Nadine qui m'a montré comment on peut faire reculer le monde et je suis très intéressé et le souhaite de tout cœur. Le docteur Ramon est même allé chercher mon parapluie Arthur, je *me faisais du mauvais sang*, car personne n'en voudrait à cause de sa valeur sentimentale, il faut aimer.

Momo

---

se faire du mauvais sang, s'inquiéter ; se tourmenter

Questions (pp. 4–28)
1. De quelle façon est-ce que Madame Rosa avait gagné sa vie autrefois ? Et de quoi vit-elle dans la dernière période de sa vie ?
2. Pour quelle raison est-ce que les mères confient leurs enfants à la garde de Madame Rosa ?
3. Certaines actions inattendues de Momo inspirent une grande peur à Madame Rosa et la rendent très inquiète. Quelle est l'origine de cette inquiétude ?
4. Pour être « comiques », les pensionnaires sonnent parfois à la porte, et ils savent très bien que Madame Rosa a « une peur bleue » des coups de sonnette. Pourquoi cette peur ?

Activités

5. Décrivez le caractère de Momo, le « je » de l'histoire, celui qui donne ses observations sur tout ce qui se passe dans sa vie avec Madame Rosa.
6. A un moment donné Momo dit que, pendant longtemps, il n'avait pas su qu'il était arabe, « parce que personne ne m'insultait. » Qu'est-ce qu'il faut conclure de cette remarque? Dites-le en quelques phrases.
7. Ecrivez une des lettres que Madame Rosa écrit régulièrement pour Monsieur N'Da Amédée, le souteneur analphabète.

Questions (pp. 28–50)
1. Quelle est, pour Momo, la fonction que doit remplir le parapluie nommé Arthur ?
2. Momo pince parfois le petit Banania dans les magasins. Pourquoi ?
3. Quelles sont les premières pensées de Momo quand la jolie « môme blonde » pose une main sur son épaule ?

4. Momo admire les flics et il dit entre autres que les flics « acceptent des Arabes et même des Noirs, s'ils ont quelque chose de francais. » Qu'est-ce qu'il veut dire par là ?
5. Pourquoi est-ce que Madame Rosa est heureuse après la visite du docteur Katz ?

Activités

6. Décrivez en quelques phrases ce que Momo pense du mini-cirque en vitrine.
7. Mettez-vous à la place de Momo après son entrée dans la salle de doublage où travaille la « môme blonde » et dites quelles sont ses pensées.
8. Mettez-vous à la place du docteur Katz et expliquez à Momo la nature des maladies dont souffre Madame Rosa.

Questions (pp. 50-73)
1. Qui est Madame Lola et qu'est-ce qu'elle fait souvent pour aider Madame Rosa et ses pensionnaires ?
2. A un moment donné Madame Rosa se trouve assise au milieu de la pièce, à côté d'une valise, prête à partir en voyage. Quelle est l'illusion qu'elle se fait alors ?
3. Comment est-ce que Momo réussit à rassurer Madame Rosa un peu plus tard ?
4. Qu'est-ce que Momo doit promettre à Madame Rosa ?
5. De quelle façon indirecte est-ce que Madame Rosa cause la mort brusque de Monsieur Yoûssef Kadir, le prétendu père de Momo ?

Activités

6. Dites en quelques phrases ce que Momo pense des

vieillards en général. Quelle est, pour lui, la différence entre les vieillards en France et ceux qui habitent en Afrique ?
7. Mettez-vous à la place de Momo et inventez son monologue intérieur quand il est assis à côté du corps de Monsieur Yoûssef Kadir mort.

Questions (pp. 73–93)
1. Pourquoi est-ce que Momo est quand même content de la visite de Monsieur Yoûssef Kadir ?
2. Pour quelle raison est-ce que la blonde Nadine emmène Momo chez elle ? Et pourquoi est-ce que Momo ne dit rien pendant une demi-heure ?
3. Pourquoi est-ce que Madame Rosa avait dit à Momo qu'il avait dix ans alors qu'en réalité il en avait quatorze ?
4. Par quelle idée géniale est-ce que Momo réussit enfin à faire changer d'avis le docteur Katz de sorte que celui-ci laisse Madame Rosa en paix ?
5. Où va Momo après la mort de Madame Rosa ?

Activités
6. Faites la partie du monologue de Momo dans laquelle il parle de Madame Rosa et de ses sentiments pour elle.
7. Dites en quelques phrases ce que les deux enfants blonds de Nadine pensent de Momo.
8. Inventez le dialogue entre le gérant et Momo, et notamment la partie dans laquelle Momo lui fait remarquer que l'homme pourrait avoir tous les Juifs et tous les Arabes sur le dos.

www.easyreaders.eu

EASY READERS *Danemark*
ERNST KLETT SPRACHEN *Allemagne*
ARCOBALENO *Espagne*
LIBER *Suède*
EMC CORP. *États-Unis*
PRACTICUM EDUCATIEF BV. *Hollande*
EUROPEAN SCHOOLBOOKS PUBLISHING LTD. *Royaume-Uni*
WYDAWNICTWO LEKTORKLETT *Pologne*
KLETT KIADO KFT. *Hongrie*
NÜANS PUBLISHING *Turquie*
ALLECTO LTD. *Estonie*

Un EASY READER a été abrégé et simplifié pour en faire
une lecture à la portée des étudiants en français.
Les structures et les mots et expressions employés sont
parmi les plus courants de la langue française.
Les mots peu usuels ou difficiles à comprendre sont
expliqués par des dessins ou des notes.
Voir la liste des ouvrages parus en page 3 de la couverture.
Pour vos études ... pour votre plaisir ...
Perfectionnez votre français ... grâce à EASY READERS.
Les EASY READERS sont également en vente en allemand,
anglais, espagnol, italien et russe.

TITRES DÉJA PARUSÉ :
Alphonse Daudet: Lettres de mon moulin (A)
Maurice Druon: Tistou - Les pouces verts (A)
Anatole France: Le livre de mon ami (A)
Julien Green: Christine - Léviathan (A)
Jules Renard: Poil de carotte (A)
Georges Simenon: La rue aux trois poussins (A)
Jules Supervielle: Le voleur d'enfants (A)
Alain-Fournier: Le grand Meaulnes (B)
David Bisson: L'enfant derrière la porte (B)
Pierre Boulle: La planète des singes (B)
Évelyne Brisou-Pellen: Un si terrible secret (B)
Marie Cardinal: La clé sur la porte (B)
Jean Cocteau: Les enfants terribles (B)
Jean-Marie Defossez: Pour tout l'or du monde (B)
Marguerite Duras: Hiroshima mon amour (B)
Christian Grenier: Urgence (B)
Gudule: La vie à reculons (B)
Yaël Hassan: De l'autre côté du mur (B)
Maurice Leblanc: Arsène Lupin gentleman-cambrioleur (B)
Hector Malot: Sans famille (B)
Hervé Mestron: Le mystère Primrose (B)
Ollivier & Clarinard: E-den (B)
Fred Paronuzzi: Un cargo pour Berlin (B)
Raymond Radiguet: Le diable au corps (B)
Christiane Rochefort: Les petits enfants du siècle (B)
Georges Simenon: Enigmes (B)
Georges Simenon: Maigret et le clochard (B)
Georges Simenon: Maigret et le fantôme (B)
Dominique Torres: Tu es libre ! (B)
Jules Verne: Le tour du monde en 80 jours (B)
Anne-Laure Bondoux: Le temps des miracles (C)
Anne-Laure Bondoux: Les larmes de l'assassin (C)
Marie Cardinal: La souricière (C)
Isabelle Chaillou: Le dernier défi (C)
Régine Deforges: La bicyclette bleue (C)
Alexandre Dumas: Les trois mousquetaires (C)
Romain Gary (Emile Ajar): La vie devant soi (C)
Guy de Maupassant: Contes du jour et de la nuit (C)
Marcel Pagnol: Le château de ma mère (C)
Marcel Pagnol: Jean de Florette (C)
Marcel Pagnol: Manon des sources (C)
Françoise Sagan: Musiques de scènes (C)
Jean-Paul Sartre: Le mur (C)
Emile Zola: Trois nouvelles (C)
Honoré de Balzac: Le père Goriot (D)
Henri Charrière: Papillon (D)
Guy de Maupassant: Mon oncle Jules et autres nouvelles (D)
Boris Vian: L'écume des jours (D)

Pour cause de droits d'auteur quelques-uns des
titres susmentionnés ne sont pas en vente dans
tous les pays participants. Prière de consulter
le catalogue de votre éditeur local.